U0858235

## 金色娜允　活力口岸

总策划／卫　星
杨照辉
张善强
白文彬

主　编／赵联涛
王鸿彬

本卷主编／小叶嫩

云南出版集团
云南人民出版社

图书在版编目（CIP）数据

文化普洱 . 孟连 / 小叶嫩主编 . -- 昆明 : 云南人民出版社 , 2016.10
ISBN 978-7-222-13929-9

Ⅰ . ①文… Ⅱ . ①小… Ⅲ . ①孟连傣族拉祜族佤族自治县—概况 Ⅳ . ① K927.44

中国版本图书馆 CIP 数据核字 (2016) 第 036994 号

**创意策划：** 云南出版集团公司产业发展部

**出 品 人：** 胡 平

**责任编辑：** 刘 焰 李 爽

**设计总监：** 袁亚雄

**装帧设计：** 云南非鳥文化传播有限公司

**责任校对：** 雷安平

**责任印制：** 洪中丽

**文化普洱 · 孟连**

**主编：** 小叶嫩

**出版：** 云南出版集团 云南人民出版社 // **发行：** 云南人民出版社

**社址：** 昆明市环城西路 609 号 // **邮编：** 650034

**网址：** www.ynpph.com.cn // **E-mail：** ynrms@sina.com

**开本：** 787mm×1092mm 1/16 // **印张：** 17 // **字数：** 110 千

**版次：** 2016 年 10 月第 1 版第 1 次印刷

**印刷：** 云南出版印刷（集团）有限责任公司 云南新华印刷一厂

**书号：** ISBN 978-7-222-13929-9 // **定价：** 59 .00 元

如有图书质量与相关问题请与我社联系
审校部电话：0871-64164626 出版部电话：0871-64191534

云南人民出版社公众微信号

# 总序

关于普洱，可以列举出如下一些文字和数据——它位于云南西南，辖一区九县，面积 4.5 万平方公里。东南与老挝、越南接壤，西南与缅甸毗邻，2015 年末总人口 259.4 万，其中，少数民族人口占总人口的 61%。境内江河纵横、森林茂密……不过，这样的描述也许会让你感到枯燥和记不住普洱的特征，我们还是换一种更为形象的表述方式吧！

普洱是云南省面积最大的一个州市，其辖区面积比台湾省陆地面积还要大。由于它的森林覆盖率高达 68.7% ，所以又被称为地球北回归线上最大的绿洲。另外它的名气也大，这当然要归功于这片土地上盛产的普洱茶，让很多搞不清它的方位的人也在不经意中记住了这个地方。

普洱的东南与越南、老挝接壤，西南则与缅甸毗邻，国境线长达 486 公里。从澜沧江（境外称湄公河）航道出境沿江而下，可直达东南亚五国，所以有“一市连三国，一江通五邻”的说法。历史上普洱一直是中国通往东南亚的重要门户，著名的南方丝绸之路之一。除了澜沧江、红河、南亢河三条水道可直通境外，仅陆上通道就有 17 条之多，所以普洱是我国名副其实的面向南亚、东南亚辐射中心的前沿窗口。

普洱民族众多，世代居住在这里的民族有 14 个，包括哈尼族、彝族、拉祜族、佤族、傣族、布朗族、瑶族等。其中很多民族又有多个支系，有的支系间服饰和语言的差别很大，只有专家才搞得清楚。当然，这样的现实又造成了众多的民族特色文化的繁荣。普洱动植物种类繁多，矿产资源和水能资源丰富，如果说云南是“动物王国”“植物王国”和“矿物王国”，那么普洱就是整个云南的缩影，在探明的矿藏中有金、铜、铅、锡、铁、钾盐，储量位居全省前列，仅一个惠民铁矿的储量就高达21亿吨。水能资源蕴藏量1500万千瓦，这让普洱成为 “西电东送”和“云电外送”的重要基地。

上述这几个现实的存在，从文化的角度来看，带来的是普洱丰富的民族文化，以及多元文化在这儿的碰撞和交融，在普洱构成了令人眼花缭乱的多彩和灿烂。

打开“文化普洱”系列丛书，无论是综合卷还是最北面的景东卷，或者“一县连三国”的江城卷，你首先感受到的是在这块土地上无处不在的普洱茶文化。这片绿叶由于得天独厚的优秀品质和独特的风味、独特的功效，以及伴随着它诞生的那些诸如茶马古道等文化，像镇沅卷中记述的那棵古茶王树，历经数千年依然活力四射、葱茏如盖。在整个普洱可记可述的历史中，无论是从原始部落直接过渡到现代文明的民族，还是那些经过“改土归流”演变到今天的群体，都可以看到普洱茶文化的影子在其间闪烁，只是有时是主角，有时是配角，但其内涵的深厚，仍然令人为之感喟不已。

花开花谢，日落日出。在很长的时间里，普洱与外界的联系相对闭塞，但生活在这块土地上的各族群众，却与日月天地为伴，与山水鸟兽为友，在一方水土中演绎出一方风流。多样的民族歌舞，是普洱大地上的一绝，傣族的马鹿舞、象脚鼓舞，佤族的甩发舞，拉祜族的芦笙舞，一亮相就惊艳全场，并通过专业团队和影视作品传遍了世界。《阿佤人民唱新歌》《婚誓》等富有普洱民族元素的歌曲，至今仍在共和国的大地上飘扬。

走进普洱，那绿色的大地，清新的空气，连片的万亩茶园，宜居的生态环境，如今已经得到了公认。在思茅卷中，那些来自山林的鲜活野生菌、带着自然清香的花卉食品，会使你对“生态普洱”有一个直观的概念；在澜沧卷中，抚摸着茶马古道上那些深深的蹄印，听着千年万亩古茶园中的自然箫声，你仿佛看到了边疆与祖国心脏的血肉相连，听到了边疆人民反对外敌入侵的呐喊；走进宁洱卷，带你瞻仰被誉为“新中国民族团结第一碑”的民族团结誓词碑，你会为那些决心在共产党领导下，为新中国努力奋斗的少数民族代表们掷地有声的誓言感到由衷的钦佩；在孟连卷中，八百多年关于孟连土司的记载，会让你感受到边疆社会发展的历史轨迹；在景谷卷里，那些在菩提树绿影中摇曳的傣族佛教文化和众多的仙踪佛迹，会让你的心灵再一次得到净化；在西盟卷中，佤族文化的冲击会像木鼓阵阵，拷问着我们这个现代文明世界的是是非非；在墨江卷里，那个被北回归线一分为二的小县城，则会用娓娓动听的语言，讲述双胞胎节的故事，讲述不同民族间文化相互交融的历史；在江城卷里，登上十层大山，透过中国、越南、老挝的同一块界碑，在鸡鸣三国的黎明中，你会感叹异国其实离我们那么近……

漫漫岁月，风雨沧桑。古往今来，普洱大地上值得点赞的色彩何止上述几笔，甚至也不是这套丛书中的一百多万字就能叙述完毕的。总之，这块土地上丰厚的文化内涵，也催生了普洱人的文化自信。一批批普洱的作家、诗人、画家、书法家和摄影家，以家乡的事物为题，创作出了一件件精美的文艺作品。其中，誉满中外的绝版木刻，更成为普洱文化的一张重彩名片。

为了进一步推动普洱文化的繁荣发展，普洱市委、市政府决定从增强文化软实力着手，编辑一套全面、权威，同时又图文并茂的“文化普洱”系列丛书，将普洱的人文精神完整地展现出来。为了完成这个前所未有的任务，全市九县一区组成了市、县（区）两级撰稿班子，集中了本土文化学者、作家、摄影家反复讨论、精心构思、实地考察，本着突出特色、尊重历史、实事求是、传承文明的原则，历经一年多的辛苦努力，完成了这部生动、鲜活，有独特文化韵味的丛书。

和以往编辑出版的介绍普洱的书籍不同，这套丛书打破了传统的编辑体例，以文化为核心，用散文的手法，完成了对普洱文化魅力的提炼，将普洱文化的价值做了全面的提升。尽管是第一次组织编辑这样的丛书，有经验的欠缺和县（区）间协调的不足，但丛书的编辑出版，是普洱文化发展的一件大事。这套丛书，也必将会成为中华文化海洋中的一朵美丽浪花。

从古到今，文化一直是一个民族的血脉，一直是人民群众的精神家园。因为文化的薪火传承，因为对文化价值的守望，才造就了一个民族的共同文脉。普洱的各族人民，也同样在漫长的岁月中坚守自己的文化家园，不因交通的隔阻而断流，也不因生活的艰辛而放弃，像上天赐予普洱的那片绿色茶叶，最终会让世界认识她醇厚凝重、越陈越香的特殊品质。

“文化普洱”丛书编辑委员会

2015 年 10 月

# 目录

## 083 第二章 雨林情缘

## 149 第三章 边陲福地

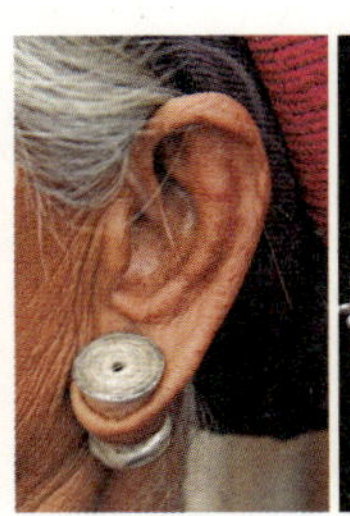

# 第一章
# 金色娜允

在寻找到的好地方——孟连，你可以聆听穿越千古的暮鼓晨钟，容身于天人合一的自然画卷，也可感悟韵味悠长的边地风情，涤荡渐行渐远的尘世心灵。傣族按照自己古老的建筑理念和审美观，建造了一座中国历史文化名镇——娜允。金色王宫让你领略云南傣族人民杰出的建筑艺术，古府往事带你访古探幽沉入久远的尘年旧事，佛光塔影构筑了傣家人的精神殿堂，土司的避暑山寨和后花园散发着田园牧歌般的诗意，宫廷乐舞展示了傣族礼仪的精髓，公主塔讲述着一段凄美的爱情故事。

# 寻找到的好地方

孟连是让人迷恋的一个好地方，21个少数民族和睦相处、休养生息，共同抵御外来侵略，守护着祖国的一方青山绿水。蓝天白云和各民族的多元文化，在这座盐茶古道重镇上交融相汇，构成了多个民族群体和多种文化形态的共生带，呈现了绿宝石般的灿烂。

孟连，傣语意为寻找到的好地方。

登上巨人一样矗立着的昂朗山峰顶，俯瞰这片翠绿欲滴的宝地，仔细探寻一下这块大地，究竟充满什么样的神奇诱惑？使得祖先在700多年前，一路跋山涉水、披荆斩棘，千辛万苦地寻寻觅觅。

孟连“地处极边，界连外域”，国境线长133.399公里，外与缅甸掸邦第二特区佤邦山水相连，内与西盟佤族自治县和澜沧拉祜族自治县构成一个“绿三角”，是中国通向东南亚的国家二类口岸。在这里，你可以聆听穿越千古的暮鼓晨钟，容身于天人合一的自然画卷；你也可感悟韵味悠长的边地风情，涤荡渐行渐远的尘世心灵。

孟连稳坐横断山脉怒山山系余脉之南端，太平洋、印度洋两大流域滋养着大地山川，山脉由北向南蜿蜒，从北部的大黑山至南部的哈布壳山，蛇形一般扭成一条呈 S 形的分水岭。

站在大黑山的脊梁上，看着一条溪流从高山上哗哗流下来，在半山腰上一分为二，然后欢快地向山下流去。蹲下掬起一捧水，让它遗珠碎玉般从指间滑下，洒落在溪流分叉处。这捧水瞬间毫无痕迹地融入两条溪流中，向分水岭两边流去，两条溪流渐行渐远。一路上，各自邀约溪流山泉，渐行渐大。其中一条，进入南垒河向澜沧江—湄公河奔去，另一条，却进入南马河向南卡江、萨尔温江奔去，最终一个到达太平洋的南海，一个到达印度洋的安达曼海。不管是在南海还是在安达曼海，随便掬起一捧水，那其中就有从孟连流去的水。

孟连的地形看上去就像个马鞍，南北多高山峻岭，东西多河谷盆地，盆地与山岭之间是馒头形的丘陵地带。山上覆

盖着常绿阔叶林和热带雨林。

一眼望不到边的蕉林，用宽大的芭蕉扇，扇来赤道海洋的西南季风和热带海洋的东南季风，使5月至10月的孟连雨季水汽来源充足。五线谱般一行行的橡胶、咖啡、茶叶，奏响南支西风的乐

章，催动印度半岛北部大陆干暖空气，让 11 月至次年 4 月的干季多晴天，岁首回暖早，年末降温迟。

孟连，时不分四季，树没有秋冬，总是要等树头披满新绿，老叶才纷纷飘落；庄稼一年三熟，山野常年花香。气候垂直变化明显，生态环境多样，植物资源丰富。身穿臃肿冬装的游客，常常在南卡江边的国门前惊叹，元旦的钟声还未敲响，满坝子的稻田，已被绿油油的秧苗装点得春意盎然。

两千多年前，孟连的先人曾穴居在南垒河沿岸的溶洞里，用石刀石斧开路，用石纺轮纺线织网，网边拴上石头做的网坠，捞鱼又捕虾。他们用黏土做陶器，陶器上的纹饰，是巧手的妇女用绳子在陶器上勒出来的。烧制好的陶器更坚实耐用，可以到河里盛更多的水，还能把猎物的肉和采集到的山茅野菜煮熟，按人头分到陶碗里。享用到熟食的先人感到力量倍增，好吃好在。

孟连傣族在唐代就载入史籍，孟连始属永昌节度，称为“茫天连”。翻开唐人樊绰所撰《蛮书》，读罢掩卷遐思，一幅洋溢着浓郁傣乡韵味的古老画卷，浮现在眼前：翠竹掩映着幢幢吊脚楼，先民们

❶ 寻找到的好地方
❷ 回　归
❸ 相伴永远
❹ 龙血树

愉快的笑脸上露出染黑的牙齿，男子穿黑布大裆裤，女子披五色娑罗笼；孔雀在竹楼旁的树上做巢，大象在广袤的田野里耕作。大象头上骑着一位驭者，手执象戟指挥自如，身后拉着三架犁，犁过的泥土像翻起的波浪。他们用象粪做煮饭取暖的燃料。那时到处是茂密的森林，最不缺的应该是柴火，但人们却利用象粪做燃料，傣族先人的环保意识可见一斑。

唐咸通三年（862 年），茫天连遭到来自石城的外敌攻打，正在危急时刻，来了一位赶着骡马的傣族商人。傣王见他仪表堂堂，身佩宝剑弯弓，马队只见其首，不见其尾，便知其来历不凡。问明身份后，得知他是远方的王子，名叫召罕亮，因酷爱自由的生活，带领骡马商队经商路过此地。茫天连傣王请求他担任军事首领，带领武士前去迎击敌人。作为回报，召罕亮可以娶他的女儿婻芭帕娃莉公主为妻，将来继承自己的王位。召罕亮接受了傣王的请求，带

❶ 耕田的大象
❷ 田园山水诗

领武士迎击来犯之敌。就在敌众我寡，险遭战败之时，他拿出身藏的马蜂宝念动咒语，招来漫天的马蜂，将石头城的敌人蜇得鬼哭狼嚎，丢盔弃甲。将士凯旋，召罕亮做了傣王的驸马，继承了茫天连王位。

后来，繁荣昌盛的茫天连发生了一场大瘟疫，不幸的人们死的死逃的逃，茫天连成了一个空城，百余年后，坝子变成荒无人烟的老林。

傣历 616 年（1254 年）前后，云南边地烽烟四起，民不聊生。又值勐卯（今德宏州瑞丽）傣族首领去世，兄弟为争王位引起内乱，遭到当朝者的镇压。面对内忧外患，部落首领罕罢法决定兵分三路，东渡怒江，沿着怒江峡谷，向下游迁徙，去寻找理想的居住之地。经过千难万险，他们寻找到这个美丽的坝子，伐木开田建立村寨，在娜允建起了王城，取名“孟连”，傣语意为：寻找到的好地方。

娜允古城自元代起，就是云南傣族政治、经济、文化的中心之一，曾经统治着滇西南澜沧江以西至萨尔温江以东这片广阔的土地。刀氏家族 28 代土司世袭为官，守土近 7 个世纪。

1

2

作为云南建立土司制度最早的地区之一，早在元至元二十六年（1289年），孟连就设立“木连路军民府”。一座座相隔数十里的邮传小楼，像一个个相连的环扣，将边地与中央王朝联系起来。

明永乐四年（1406年），朝廷设“孟琏长官司”，隶云南都司，命刀派送为长官，赐冠带印章，官为正六品。孟连离京城迢迢数千里，赴京朝贡的象队跋山涉水，晨行昏止，沿着明代的一座座驿站往东而去，往返耗时三年。

这三年，恰好与云南人郑和七下西洋的首航时间相吻合。只不过，郑和走的是海路，他奉明成祖的圣旨，率官兵水手27800余人，乘62艘宝船，满载丝绸、瓷器等中原特产，风帆猎猎，乘风破浪，完成了世界远程航海史上的伟大创举。而赴京朝贡走的是南方丝绸之路中的一条——官马大道。

清康熙四十八年（1709年），第十六代土司刀派鼎赴京贡象，被朝廷改封为“孟连世袭宣抚司”，官至从四品，连升了两级。此时正值孟连土司历史上的鼎盛时期，始建于明代的募乃银矿，此时云集了十几万矿工，三百多座七星炉映红了群山，土司获利颇厚。白花花的足银，改写了边地以物易物的商贸史，中外商人欣然前来，盐茶古道商旅日增，地方风调雨顺，百姓安居乐业，孟连呈现出繁荣昌盛的景象。

历史上，孟连是盐茶古道上的一座重镇，

❶ 金塔月夜
❷ 民族大联欢

多条茶马古道在这里交会。西双版纳与孟连两大土司联姻，儿媳为孟连带来了丰厚嫁妆，其中就有景迈茶山。千年万亩古茶园盛产的沱茶和“七子饼”，是普洱茶中的精品，也是供给皇室享用的贡茶与远销藏区的边茶之首选。古往今来，行走四方的马帮，一路风餐露宿将普洱茶的兰花香传扬海外，也将中原汉文化、中南半岛的佛文化、西方世界的基督教文化带回这里，傣家村寨的佛光塔影、拉祜山寨的教堂钟声与佤族原始部落的嗵嗵木鼓交相辉映，璀璨多姿的民族文化在这里交融积淀。

蓊郁繁茂的竹木，已将古镇娜允溶化在金山怀抱中，如

1 河边唱暖

2 绿荫下的金塔

3 娜允广场

4 远眺总佛寺

5 勐马飞瀑

黛的群山连绵起伏，环抱着翡翠般的河谷盆地，碧波荡漾的河水从刀劈般的峡谷流出，在平坦的坝子蜿蜒南去，傣家村寨幢幢竹楼掩映在凤尾竹中，苗条纤秀的傣族小卜少，肩挑竹箩穿梭在两岸绿色的稻浪中，定格成一道美丽的风景。

这里，天很蓝，云很白，天像用绿叶擦拭过一般干净，清新的空气带着微微的甜意，让你忍不住深呼吸。远处的群山中，居住着勤劳善良的佤族、拉祜族、哈尼族等民族，望不到边的茶园、橡胶、咖啡、甘蔗，把锦绣山河装点成诗意家园，放射出绿宝石般的炫目光彩。

在漫长的历史长河中，21 个民族和睦相处、休养生息，共同抵御外来侵略，守护着祖国的这片蓝天。多个民族多种文化，汇集在这座盐茶古道上的重镇，构成了多民族群体和多文化形态相融的祥和家园，呈现出彩虹般的绚丽多姿。

这样的地方，这样的山水，这样的宜居家园，是值得我们的祖先历尽千辛万苦来寻找的。

孟连，真的是寻找到的好地方！

# 古城娜允

娜允是中国现存最完整的傣族历史文化古城，是已经消亡的华夏傣族土司文化最真实的特殊见证。娜允傣族建筑文化品类完整，文化脉络清晰，是傣族建筑文化的杰出代表，其特殊的地理特征，向世界展示了娜允傣族社会近七百年的历史文化，是云南省屈指可数的几座中国历史文化名镇之一。

娜允，傣语直译为内城。就像北京城里的紫禁城一样，娜允是孟连傣族王城的城中之城。

站在金山上总览娜允，占地35公顷，坐南朝北，依山傍水，背靠古树葱郁的金山，俯瞰群山环抱的坝子，清澈的南垒河从她的东面蜿蜒南流，可谓“负阴抱阳”，大吉之地。半山腰之中的“天心中道”，是整个古城的核心——官府衙门；浓绿丛中，佛寺佛塔巍峨庄严；“三城两寨”，傣家民居鳞次栉比。

“城前渔，城后猎，依山傍水把城建。”这座城池，就是按照傣族这种古老的建筑理念和审美观来建造的，没有中轴线将城内建筑对称排列，没有城墙将官民百姓加以约束，一切都显得这般自在闲适。

娜允古镇是中国历史文化名镇，是中国目前仅存的一座比较完整的傣族古镇。

摊开地图搜寻一圈，在瑞丽、芒市、陇川、孟定、景谷、勐海、勐腊这些傣族聚居区，已找不到一座完整的傣族古镇，就连西双版纳历史上闻名遐迩的“车里军民宣慰使司”和宣慰街，如今连断壁残垣也找不到。

历史的脚步似乎过于匆忙，半个世纪弹指一挥间，那些曾在中国历史上留下过辉煌与昌盛的傣族王城，已被一座座现代化的城市和城镇所取代。昔日瘴疠边远之地，高楼林立，霓虹闪烁，让少小离家的游子莫辨东西。

远在中国西南边地孟连的娜允，有什么值得称道之处，被挂上“中国历史文化名镇”这块金匾？

首先，应该是历史悠久。娜允悠久的历史不是神话，也不是传说。中国正史有载，傣族史籍有据，28 代土司世系一脉相承，7 个世纪的风云变幻与祖国的心跳一致，其历史文化脉络就像手掌上的纹路一样清晰。

中国的土司制度源远流长，当数云南的傣族地区最完备，而将土司制度一直保留到新中国成立前的，云南只有18 位土司。孟连宣抚司为国家守土 660 年，赤子之心苍天

可鉴，翻开一页页布满灰尘的史籍，都在向人们倾诉着孟连对祖国无比的眷恋。

其次，娜允保留着傣族古镇的传统风貌。孟连宣抚司署是云南清代土司衙署的代表，又是云南18座土司府中保存最完好的。而这座古建筑与其周围的佛寺、民居、官宅、寨心、古井、墓地、神树、官道等风貌，集中反映了傣族传统的建筑理念和审美观，构成了傣族封建领主制度一个十分难得的活标本。

到过娜允的人都不难发现，傣族古城的格局异于汉族古城，汉族总是把城建得四四方方，把城分作城东、城西、城南、城北，还要设置四道城门。而娜允却是依坡就势而建，把城分为上城、中城、下城。

虽然历经7个世纪风风雨雨，娜允古镇的人气依然很旺。她不属于被岁月遗忘在偏僻一隅的遗址，是一座洋溢着强劲的生命力、代代生生不息的古镇。由于地处县城，与现代格局的高楼大街仅仅一河之隔。时光前行的步伐不时在催动着她，没有“古”得那么颓败与没落，但却顽强地固守着这座傣城的灵魂，王宫、官宅、民居、佛寺、佛塔、官道、神树、寨心、古井、墓地、风景林、萨拉亭，但凡傣族王城应该具备的要素，都被她一应保留下来，把傣族

王城的轮廓凝固在这个空间，一任时代风云变幻依然故我。历史的积淀使这座古镇，具有其他古镇所没有的傣族神韵，成了中外傣学专家频频光顾娜允的理由。所谓“要了解中原贵族，上古都北京；要了解傣族贵族，到孟连娜允”。

再次，娜允古镇的傣族建筑文化品类相对完整。过去，傣族等级森严，同样是王城里的贵族，什么人住什么地方，住什么样的房子都泾渭分明。在土司领主制时代，傣族的住屋有严格的等级划分，任何人不能逾越。土司一家住在威严高大的衙署里。官员的房子，房顶盖瓦、柱脚下面垫着圆形或方形的石柱础。平民的房顶盖茅草，柱脚不垫石头。住房就是房屋主人身份的象征。除了这三种房子，还有两种过渡性的住屋。结婚后分家立户的家庭，先住在落地的茅草房“很都”里，有了一个孩子后，才能住进一种叫“很况样”的小竹楼里。等他们经济宽裕了，建起了“屋角指天，楼梯接地”的“很绍付”之后，才有正式户头，土司才会分给一份差事和一份田。

❶ 古城新貌

❷ 古镇原色

除了被研究傣族住屋的专家标注上“孟连型竹楼”的民居建筑外，佛寺、佛塔、萨拉亭等公共建筑，也为娜允增色

不少。

以上三个条件，让娜允古镇成为研究傣族封建领主制度的活标本。这个活标本，能保留到21世纪，应该说是不幸中的万幸！

现在娜允古镇的居民仍然主要是傣族。鳞次栉比的民居，顺着山坡地形的自然肌理而建，显得错落有序，依随等高线建筑的通道，迂回闭合，四通八达。每个闭合回路，包围着为数不等的傣家小院。小院以竹篱和短垣相围，一幢傣家民居，几畦绿油油的菜

佛幡飘吟

地，芭蕉、芒果等热带果树点缀其间，金黄的炮竹花和瓜藤豆蔓披挂在墙上；墙头、大门上，各家屋顶的翘角上，都绽放着金灿灿的石斛。石斛鼓如槌、细如鞭，根上没土，只用牛粪粘在墙头屋顶，不浇水却花艳夺目。鲜花插在牛粪上，皆各随所愿。

傣族有句老话，水在天上是雨，人在王城是召。所谓的召，不光是傣王一个人，是整个贵族阶层的王族。娜允由三城两寨（上、中、下城和芒方冒、芒方岗）组成。为王一方的孟连土司居住在上城，位置显要、规模宏大的孟连宣抚司署和上城佛寺是娜允的核心。官府周围那些低矮的民房，住着土司的家奴。他们在官府里担任各种大小差事，养象、养马、举旗、端凳、送信、吹号、做饭、送茶、打伞种种不一。就像"宰相家看门的，也是三品官"一样，他们虽是官府的"小子"，但在百姓面前也是有身份的"召"。官府不给俸禄，给每家分点田维持生计。他们的子弟，与土司的子弟，同在上城佛寺出家当和尚。每个人出家或升佛爷，土司都给他们做教父。

❶ 下城总佛寺
❷ 上城佛寺

在没有战火硝烟的日子，上城人悠闲得几乎无所事事，官差一年做不了几次，几亩薄田也投工甚少。悠闲的时光，只能靠赕佛、做买卖、剪纸绘画、纺织绣花、抄写经书、诵经听经来打发。因此至今，许多外地的傣族，需要佛幡、绣花枕头、经书什么的，都到上城来找他们定做，他们至今仍引领着这一带傣族社会生活的时尚。

中城居住着土司岳父、土司代办和其他官员，议事庭长和一些官员居住在下城，这个阶层也不拿俸禄，土司分封给他们的食邑，都是水肥充足的良田，耕种自然是让食邑里的百姓出劳役。也许是衣食不愁、饱食终日的缘故，他们的子孙，继承了先辈懂得美食的传统。如今，在城里开傣味餐厅的，大都是中城和下城的人。也有几家，把傣味餐厅开在自家老屋里，把老房子也当作一块吸引游客的招牌。

“三城两寨”中的两个寨子，原来是一个寨子，后来人口多了，又分成两个寨。寨名叫芒方，意思是梦境中的寨子，相传是按梦中的景象建的，连寨名都这么富有诗意。这里居住着土司的林业官，住户原先是土司的猎户，他们的官差，就是陪同土司围猎。在狩猎的季节，全寨男人陪同土司进山打猎，人吼狗吠，将猎物驱赶到土司面前，让土司过过枪瘾。

土司把田分给百姓耕种，作为回报，百姓以劳力帮土司干活，以代替实物地租。那时的百姓，耕有其田，居有其所，不想耕作的，可以出家当和尚，和尚是全民供养的，衣食不愁。

土司不养军队，老百姓散之为民，聚之为军，招之即来，来之能战。战场上建立功勋，是晋升贵族的捷径。立下战功的人，可以得到土司赏赐的大片良田，跻身于贵族的行列。另外，经商致富，也不失为改变贫民身份的好办法。这也许就是傣族自古喜

欢经商的主要原因吧！

记得20世纪30年代，有位中山大学的学者到云南，考察了傣族地区后得出一个结论：傣族封建领主制与中国商代的井田制十分相似。

人生不过百年，一种已逝去3000多年的制度，如今能让我们如此近距离地审视，不也是人生一大幸事？

娜允特殊的地理位置，造就了她与众不同的傣族贵族文化。云南九大傣族支系中，孟连就有傣那、傣泐、傣艮、傣绷四个支系，各自有自己的方言、文字和习俗，就连衣着打扮，竹楼屋顶的式样都不同。游客不用东奔西跑，在一个不大的地方，就可接触到四种傣族的文字和习俗，多么省时省力啊！

一个家族，能在中外各种势力的超常挤压下，代代世袭，延续统治这么长，这在中国历史上是极为少见的。中国自西

1 中城佛寺

2 古宣抚司署议事厅

汉起，实行土司制度长达2000多年，个中兴衰得失，恐怕史学家也说不清。但有一点可以肯定，在中国这个宽广无边、各民族济济的泱泱大国，只有云南的傣族土司制度，建立得最完备与久长，有的地方直到1956年才寿终正寝。一种治国安邦之举，能经历如此漫长的岁月验证，总该遗留下许多难以磨蚀的痕迹吧？

但半个世纪弹指一挥间，曾在历史上辉煌一时的座座傣城，如今已难觅踪影。不知是地处极边，还是上天的偏爱，傣族在娜允，为子孙后代留下了一座完整的傣城轮廓，这是不幸中的万幸，总算给专家学者研究和考察傣族封建领主制，留下一个相对完整的物证，给傣家留下一个神圣的朝拜之地。

专家在考察研究中国傣族古城聚落地理后，得出如下结论："娜允是中国现存最完整的傣族历史文化古城。娜允是为世界提供历史悠久、已经消亡的华夏傣族土司文化最真实的特殊见证。娜允傣族建筑文化品类完整，文化脉络清晰，是傣族建筑文化的杰出代表，其特殊的地理特征，向世界展示了娜允傣族社会近700年的历史文化，具备了成为世界文化遗产的资质。"

❶ 古树依然

❷ 静谧的寨心

# 金色王宫

建筑文化是社会文化的综合反映，娜允宣抚司建筑文化就是傣族土司政治的体现。作为云南清代土司衙署的代表，它是全省唯一的一座由傣族、汉族、白族建筑风格合璧的大型建筑群，是云南边疆民族地区18座土司衙门中保存较完好的一座，已被国务院批准为国家级文物保护单位。

傣族惯于用"金"来形容美好尊贵的事物，尽管它与金属和金色无关。以孟连土司府在当地人心中的地位，被称为金色的王宫，那是理所当然的了。

沿着昔日的官道，由下城而上，经过中城来到上城，一座气势恢宏的古建筑出现在我们眼前。

红砂石叠砌的13级台阶之上，矗立着一座门堂，二叠小歇山式屋顶，金色的柱子，支撑着玲珑轩昂、繁复华丽的斗拱，高翘的飞檐向世人炫耀着土司的权威与财富，衙门两边前后各设4个突出的小阙，变化的屋脊犹如优美的韵律，翘角顶端两支随风抖动的角须，使古老的建筑看上去尤显生动有趣。

沿台阶拾级而上，见一小月台，三进二的衙门，中间设一大门，左右各设一小门。与前面的繁复华丽相比，后面的

门 堂

立柱、屋面、屋檐更显得简洁实用。门楣上面两个“门当”支一黑底描金横匾，上书“孟连宣抚司署”。

这就是孟连宣抚司衙署。作为云南清代土司衙署的代表，她是全省唯一的一座由傣族、汉族、白族建筑风格合璧的大型建筑群，是云南边疆民族地区 18 座土司衙门中保存较完好的一座。1965 年被云南省人民委员会首批公布为省级重点文物保护单位，后被国务院批准为国家级文物保护单位。

这座傣王宫始建于明永乐年间，现存建筑重建于 1878—1919 年，主体建筑有议事厅、正厅、东西厢房、厨房、粮仓、门堂等，占地面积 6738 平方米。

孟连宣抚司署是中国仅存的傣族古典礼制建筑。从航拍照片上看，这座古建筑与其他古建筑相似，古称“一颗印”，象征皇帝手中的一颗大印。但进得门来仔细观察，却发现她有许多惊人的创意。

大门与主体建筑不在一条中轴线上，看上去门是歪的，道是斜

❶孔雀开屏

❷土司会见过往官员、举行小型会议之处

的。这是与汉族官府建筑最大的差异。汉族的主体建筑和大门都在一条中轴线上，“三坊一照壁”是最常见的样式，大门内设一照壁，外挡邪气不入侵，内挡福气不外泄。傣族建筑也有此忌讳，但他们只是把门的位置弄歪一点，这样处理，既保“气”“聚”而不“漏”，又省去设照壁之累，真是用心良苦！

眼前的议事厅气度不凡，建于清光绪五年（1879 年），为三檐歇山顶干栏式建筑，面阔七间，进深五间，合抱粗的干栏桩柱，呈六排四十七棵对称排列。檐角如翼，檐坊下有八朵象鼻昂，形态各异，憨态可掬；有花卉瑞兽等木雕，刻有“双凤朝阳”“封侯挂印”“犀牛望月”“虎报平阳”“鹬蚌相争”“麒麟四宝”“马鹿撞金钟”等浮雕；柱头雕着龙凤，多是凤在上龙在下。

凤上龙下之风，始于唐代武则天为皇之世，盛于清代慈禧太后弄权之时。想不到，遥远边地一座官府衙门，与中央集权政治的联系也如此紧密，连柱头的木雕，也把皇权与内宫的争斗，演绎得如此淋漓尽致。

楼上是土司议事之处，设有龛台，当年土司从背后的龙形梯子而上，高高端坐其中。土司手下的官员“九根”“十二召朗”，则席地坐于中央的地毯上。刀叉矛戟、旗帜、金伞等仪仗排列左右，钟鼓号炮等环列四周。在天花板和柱子上，用金粉印制出傣族风格浓郁的花卉、动物图案。

傣族的礼制与汉族明显不同，汉族面南而王，土司坐西面东。所以，议事厅的主入口设于东边，正面和西面都不设入口。在东边最低一层屋檐中间，架起单面雨棚，紧接二层屋檐，而支撑起这片雨棚的仍然是传统的斗拱飞檐，檐下“喜上梅梢”“松鹤延年”等浮雕引人注目，其中有幅浮雕让人纳闷，一匹马背上负着道家的阴阳鱼，精通道学的人说，这叫“马上圆满”。

这种把主入口开在侧面，不在中间，且不对称的做法，完全出自傣族传统的布局。上了二楼才算进入议事厅，每当臣民从东面上去叩见傣王时，陡峭的楼梯使上楼者不得不弯腰屈膝，这一刻，想必让傣王的尊严得到充分的满足。

楼下没墙，沿着外围的柱子，设了一圈座栏，里面设有木板铺设的地楼。地楼不悬空，土司避暑乘凉、看戏听歌就在这里。

议事厅从正面和侧面看都是三层檐，从背面看，却只是重檐，让人感觉不大对称。究其原因，原来议事厅楼上还按傣族民居的习惯设一阳台，议事中间休息片刻，官员们可以到阳台上抽会儿烟。后来，木制的阳台因日晒雨淋毁坏了，一直没有修复。即便是这样，议事厅的四面也呈现四景，在视觉上感觉花样翻新，增加了许多的美感。

议事厅的屋面更是别具一格，上面两层檐是傣族常用的那种带钩的小挂瓦，下面一层檐却是汉族的筒板瓦，钩头滴水，加上屋檐下华丽的雕刻，使得傣族风格的主体建筑，包装了一圈汉族文化。屋宇的高重檐提高了建筑的等级，使建筑更加宏伟庄严，屋身与屋顶的比例也显得更加协调。

这样的处理，显然出于气候的因素。这里属亚热带河谷盆地，雨季高温多湿，故傣族民居屋檐都出挑低远。增宽屋檐使屋面投影面积加大，既可防止雨水飘洒进底屋，又能抵挡太阳的灼晒。底层无墙，屋面宽大，屋内外形成较大的温差，加之屋顶高耸，使二楼气体形成对流，让到来的游客倍感凉爽舒适。

看来，傣族贵族对汉族建筑文化的接受，有自

❶ 议事厅主入口设于东边

❷ 游人走向议事厅

❸ 土司避暑乘凉、看戏听歌的地方

己的选择标准。议事厅三面的外部仿汉形式，可以增加这座建筑的气势和庄严，屋面、内部及后侧保留傣族的传统形式，能顺应中南半岛佛教文化圈内的傣族古典礼制，傣汉两种建筑文化在这里巧妙融合，显得珠联璧合、相得益彰。

议事厅的建成，耗时10年。一件件雕刻品，在遥远的大理剑川白族工匠手中完成，再由马帮翻山越岭驮到娜允安装。特别是光绪八年（1882年），缅甸勐艮土司兵犯攻娜允，爆发了孟连景栋战争，这一仗打了两年多，动用了西盟马散佤族和山区的拉祜族，才把来犯者逐出境外。

光绪十年（1884年），孟连、双江一带又爆发了声势浩大的拉祜族起义，顺宁府（今临沧）告急，朝廷调征孟连土司出兵平叛，遭到二十六代土司刀派华的拒绝。起义被镇压后，朝廷分割小黑江以南孟连土司辖地置“镇边直隶厅”，刀派华也被招到昆明软禁多年。土司元气大伤，工期一拖再拖。

第二十七代土司刀派永上任后，继承父业，继续营造宣抚司署，经过准备，民国元年(1912年)，开始建正厅。正厅为一楼一底重檐硬

❶ 孟连宣抚古乐展演厅
❷ 浮　雕

山顶式建筑，屋面为汉式的筒板瓦，全檐下有斗拱六朵，面阔五间，进深五间，前厦檐下有“龙凤呈祥”“八仙祝寿”“宝象升平”等浮雕。楼上是土司与三个夫人的居室，东面是客厅，土司在这里会见过往客官及召开小型会议。客厅里供奉着神位和佛像，受到来者的叩拜。正厅西面是三个夫人的卧室，从东至西，大小依次排列。卧室外陈设着一张床，相当于土司祖先的灵位。

议事厅与东厢、西厢和正厅，构成一座“走马转角楼”。两座厢房建于民国五年（1916 年），为一楼一底硬山顶沿廊式对称建筑，屋面与正厅一样。东厢住公子，西厢住小姐，想是惯例。不知当年那位与心仪的情人私奔，最终命丧黄泉的婻贺菲公主，可曾与心上人，在这里上演过一出《西厢记》？可曾有红娘那样的机灵鬼，在东西厢之间，往来传情？

正厅东西方，各有一幢傣家干栏式竹楼，东边

是土司家的粮仓，西边是为土司煮茶的地方，一座小巧的天桥，与正厅相连。

整个古建筑经过三代土司的经营，前后共耗时四十余年，不算各族民众出的劳役，光大洋就花了十多万。建筑文化是社会文化的综合反映，一如北京故宫建筑文化是中国封建皇权政治的体现那样，娜允古城宣抚司署建筑文化就是傣族土司政治的体现。

现如今孟连宣抚司署成了孟连县民族历史博物馆，还是云南省爱国主义教育基地，馆内陈列着清代朝廷赏赐的蟒袍官服、印章、旗帜、兵器、刑具、仪仗及傣文典籍、清代民国公文档案、土司家庭用具等。这是研究孟连土司制度的重要实物，具有重要的历史和艺术价值。同时，也是傣族及东南亚泰族、掸族寻祖追根的精神寄托，具有很强的亲和力，能激发民族自豪感和自信心。

立于议事厅雕花窗前，尽赏院内美景，高墙边耸立的栋棕，悬挂着流苏般的果实，两棵高大的酸角树，绿色的枝头开着细碎的黄花，三棵波罗蜜的树杆上，正吊着冬瓜般大小的果实。绿茵茵的草坪上，几只孔雀在优雅地梳翅，见游客走近也不怕，竞相开屏示美，那神秘的色彩，在朝阳照射下令人眩目。

傣王宫壁画

# 古府往事

孟连娜允土司文化是一部厚重的傣族史诗，一座丰富的傣族文化宝库。一幕幕史剧如浮云过眼，演绎了人间的悲欢离合，让你应接不暇。无数离奇的故事，仍牵动着人们的喜怒哀乐，至今还余音绕梁。就让我们怀着对土司文化的好奇，跟随作者访古探幽，沉入久远的古府往事。

我独自流连在这座傣族古典礼制建筑里，寻找着故事发生的场景。隔着遥遥时光，我仍能感应到它所承载的信息，它昔日的辉煌与显赫……

一幕幕史剧如浮云过眼，演绎了人间的悲欢离合，让史籍应接不暇。无数离奇的故事，仍牵动着人们的喜怒哀乐，至今还余音绕梁。曾几何时，一代代傣王在此即位，你方唱罢我登场；一位位官员的任免在此宣布，有人欢喜有人愁……

## 祭印大典

让老人们津津乐道的往事，莫过于农历大年初一的庆典。除夕之夜，孟连王族得按老规矩守岁祭印。这个规矩，始于朝廷在孟连设置长官司之后。

孟连宣抚司署正门

明永乐四年(1406 年)四月，明朝廷在京城迎来了赴京朝贡的孟连第三代土司刀派送之子刀派罕，朝廷将木连路升为孟琏长官司，封刀派送为孟琏长官，官居正六品，并赐冠带印信。

当王子刀派罕千里迢迢、历尽艰辛、风尘仆仆地赶回云南时，不幸地得知父王已不在人世。让刀派罕悲痛不已的是，他的父王为了让子民能有一块祥和的安身之地，身经百战，呕心沥血，而如今却再也无法亲身感受朝廷恩赐的这份殊荣，目睹官民为庆贺他的荣升而举行的大典。刀派罕满怀悲痛接受了孟琏长官司长官的任命。

刀派罕决定，每年的农历大年初一举行祭印大典，以此缅怀先祖的丰功伟绩，感恩朝廷将守土之大任交给自己。

此后的几百年间，哪怕战火连绵、民不聊生，日子艰难

得只能杀只鸡，煮几个蛋，这一规矩都没有丢过。富裕的年月就杀头猪，祭祀的猪，由芒嘎寨出。

除夕的黄昏，芒嘎寨派四个男子，用扁担扛着一头刮得白生生的大猪送来。这头猪有讲究，身上漆黑，四蹄雪白，脑门旋出一朵白花，尾巴尖上还得甩着一撮白毛。祭印的大猪被扛上议事厅，供在“殿皎”（宝座）前。子夜，闻得鸡叫头遍，扛猪来的四个人，点上四对大蜡烛，将猪肝、腰子等放在炭火上烤熟了，一盘烤肉与酒、水、饭、茶、烟、糖、盐等一起放在供桌上，用来祭印。还有一大盘烤肉，用来犒劳守岁的官员们。他们就在边吃边喝边聊中，愉快地迎来新一年的曙光。

初一鸡叫三遍，土司身着朝廷颁发的蟒袍冠带登上宝座，盘腿端坐在上面。夫人捧着大红绸缎包裹的大印，庄严地走上前去，双手递给土司。随后，摩勐大巫师一边念着祈祷词，一边往土司和官员们的身上洒圣水。

三声礼炮响过，官员宣布祭印开始。百姓们在官员们的带领下排成两行，鱼贯而入，叩拜傣王和大印。队伍从议事厅门口一直排到十里外，脚步跟随双面大鼓的节奏移动，整齐而落地有声。让参加叩拜的每个人心中，都油然升起一种敬仰和激情。

祭印仪式要整整进行一天。渴了，有从傣王专用水井里挑来的水；饿了，有现成的热汤米线；累了，可以在议事厅下面的地楼上坐一会儿。饮用水是芒洪寨子出，米线是贺嘎寨子出。

大年初二，孟连举行大型文艺集会——“拢摆峦干”。赶摆的地点就在现今的孟连海关驻地一带。届时，土司和夫人坐在一只大象的座亭上，公主与王子各乘一只小象，绣着“孟连宣抚司”几个汉字的各色大旗，在前面迎风飘扬，抬着金伞和刀叉矛戟、火枪等仪仗的队伍紧随其后，再往后就是骑马的王室成员和官员们。

这支队伍浩浩荡荡地来到峦干时，坝子中的大雾已经在暖洋洋的朝阳下散去，天气不冷不热，大路两旁装饰着绿油油的芭蕉树、甘蔗和五颜六色的纸旗鲜花。到了峦干，傣王和王后被迎进用青

枝绿叶搭起的青棚里坐下，端烟锅、抬凳子、支桌子的都是祖祖辈辈专操这行的家奴。参加赶摆活动的人成千上万，满耳都是激动人心的象脚鼓声和歌声。

表演开始之前，王族的男女青年从描金小篾箩里，拿出王后为他们准备的丢包，站成两排，丢起了丢包。谁接不住丢包，谁就得送给对方一件东西以示惩罚。公子哥们开始还故意接不住，想多送点东西给小姐。等到东西送完了，不得不脱下衣裳时，已经来不及了。越想接好越接不住，最后连裤子也得脱给小姐。结果，这位公子哥只有跟着小姐走了，好听的话说了几大箩，小姐高兴了，才把衣裳裤子还给他。

不用说，赶摆这几天，小伙子必须像个奴仆般地跟在小姐身后，给她拿伞拎包，任她呼来唤去，当然，他们后来大多都结为连理。丢包，只是少男少女社交的一种方式。对小伙子的性情是一种考验。

那边公子小姐将丢包抛来抛去，这边的表演却在“法摆勐”（文艺官）的指挥下开始了。孟连宣抚司辖地的各民族都拿出自己的绝活：宫廷乐队表演的歌乐舞，是每次赶摆的重头戏。在美妙动听的音乐伴奏下，安着长指甲、手执蜡条、舞着孔雀尾的傣族小伙子，轻歌曼舞，令人如痴如醉。这个土司专用乐队，来自勐阿的芒朗，这个寨子负责为孟连傣王的各种喜庆活动献歌献舞。

芒朗寨的演出比较正式，其他地方的演出就显得随意多了，更像是自娱自乐。有勐马武术队表演的傣族武术，孟连傣族表演的大鱼舞和大鹏舞，西盟勐梭傣族表演的马鹿舞，景迈茶山布朗族表演的傩舞，富岩佤族表演的整佤舞，帕亮拉祜族表演的芦笙舞，尼别景颇族表演的上刀山，富哦傈僳族表演的下火海……各族观众喜笑颜开，欢呼声一如惊涛拍岸，一阵紧接着一阵。虽然他们身穿不同的服

❶ 孟连宣抚司署官印

❷ 朝廷颁发的孟连宣抚司大印

饰，唱着不同语言的歌，但是，各民族都在尽力向大家展示自己民族文化的精髓。他们在相互欣赏和认同的同时，也学会了相互尊重和包容。各民族都操着傣话，在演出的间隙相互敬酒，相互交流。赶摆场上那融洽的气氛，就像同一个民族的兄弟一样。

大年初三，赶摆的人们又聚集在王宫内外，等候议事庭长宣布土司对各地召勐、山官以及 38 位司署内务官员的任命。

大印象征着中央集权制赋予傣族土司的权利，祭印的初衷，本为了显示土司至高无上的权威。但通过这仪式，加深了边疆各民族对祖国的归属感，让各民族的文化得到共融共享，凝集力得到增加，这也是不争的事实。

## 末代土司

转到土司府的后院，几棵波罗蜜树干上吊着冬瓜大小的果实。西边波罗蜜树下那间竹楼、一座天桥将我的思绪引回古府已逝的往事中。

这座古府最后一个主人，是末代土司刀派洪。老土司爱犊情深，感觉到了 20 世纪，让儿子像过去那样光学傣文和佛教经典也不行了，还得让他学汉文和英文。于是，刀派洪进佛寺当和尚仅仅

朝廷赐予土司的蟒袍

一年，只是让他过过从生人到熟人这一关而已。

他汉文学不深，英语半生不熟，傣文也没学到多少，成了样样都会一点，又样样不精通的料。十五六岁的年纪，本来就对什么都好奇，高墙之内的天空，让他透不过气，更糟糕的是，高墙外面的诱惑是那样难以抵御。他常常偷偷走出王宫，到外面去玩。傍晚，是他最难熬的时刻。身穿白缎便衣的他，假装在后墙边的波罗蜜树下转悠，一不小心，便溜出了后门。这种有失傣王风范的事，令人防不胜防。为了拴住他的心，王族决定为他配个侍妾。后来发生的事，证明这纯属徒劳。

王宫里的人都挖空心思地给小土司找乐子。一天，他们请来一个女歌手咪婻慕，在厨房下面的天井里，演唱叙事诗《娥并与桑洛》。《娥并与桑洛》是傣族最著名的爱情悲剧，内容是景多昂的富家子弟桑洛，赶着牛帮到外地做生意，在勐根遇见了美丽善良的姑娘娥并，二人从相互爱慕到产生爱情，最后结了婚。但这门婚事事先没有得到桑洛母亲的同意。他们的婚事遭到了母亲的强烈反对和百般阻挠。最后，娥并被害死，桑洛也殉情自杀了。他俩变作天上的两颗星，一颗

末代土司刀派洪（中穿西装）与宣抚司署部分官员

出现在黄昏，一颗出现在黎明，每年的三月，两颗星都会幸福地相会。

这部爱情悲剧，刀派洪已经读过，诗中男女主人公真挚纯洁的情感，那些美不胜收的诗句，使他感动得热泪双流。但不同的歌手，有不同的演唱风格和韵味，能亲耳聆听嗓音甜美的咪婻慕演唱的《娥并与桑洛》，是大家盼望已久的事。

虽然，这部叙事诗深受傣族民众的喜爱，但因它而产生的禁忌也不少，更不准在家里演唱。

当时王宫里的当家夫人却认为，那些禁忌都是古板的人用来吓唬年轻人的。像他们这样的王族，无论是身份还是福气，都比别人大得多，请个歌手到王宫里唱唱又何妨？

于是，王宫里的女眷和女下人便兴高采烈地张罗开了。她们把演唱的场地布置在西厢房西面的小天井里，它的北面是傣族干栏式的厨房，南面是王宫里的纺织屋，西面是一棵香气四溢的鸡蛋花和四季挂果的牛肚子果树。一张描金的小篾桌上放着一瓶鲜花，女歌手的位置就在花桌旁。听歌的有30多人，除了王族中的女眷外，大多是请到宫里来纺织刺绣的巧手姑娘。女歌手唱道：

景多昂四面都是高山
清泉在山间流淌
竹楼成排成行
屋角指着星星和月亮……

突然，一声枪响从北边厨房上的掌楼上传来，在王宫高大的建筑群之间久久回响。人们惊魂未定，紧张得像一群受惊的小鸡。

❶王室贵族女子

❷刀派洪的堂弟、孟连宣抚司武官刀派元

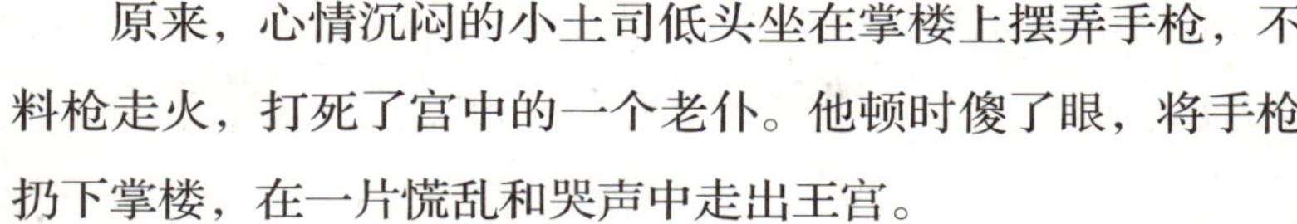

原来，心情沉闷的小土司低头坐在掌楼上摆弄手枪，不料枪走火，打死了宫中的一个老仆。他顿时傻了眼，将手枪扔下掌楼，在一片慌乱和哭声中走出王宫。

这一去如同野马失缰，小土司把缅甸、泰国的亲戚家玩了个遍。几个月后，他才被组团去找他的头人连哄带吓地迎回来。这时，他已变了个模样，西装革履，挎着怀表，面带王家贵族特有的气质。他还带回了留声机和自行车，往后的日子，他神情安详，不再往王府外跑，不是看书听音乐，就是骑自行车。王室的元老们怕他憋坏了，又给他配了一个民女。两个女子就这么无名无分地侍候着他，还生了儿子。

直到1941年他娶了萨尔温江东岸满冷佤王召婻罕弄的女儿为掌印夫人，王族才在婚礼盛典上，按她们进宫的先后，向大家宣布了名分。

婚后的日子，刀派洪与掌印夫人相亲相爱。闲暇之时，他给她讲故事；盛夏时节，他俩携手到河边游玩。每当夕阳西下，人们常常听到一阵清脆悦耳的马铃声，从王宫至河边的那条道经过。不用看，就知道那是夫人陪嫁的大白马。白马之后百米远，一定走着傣王与夫人。人们赶紧收起晒在掌楼上的衣物，纷纷回避，让他们夫妇俩尽情地在河边流连，下河沐浴。

❶第二十七任土司刀派永

❷末代土司刀派洪（右）、议事庭长萨迪龙（中）、土司的弟弟召兼勐（左）

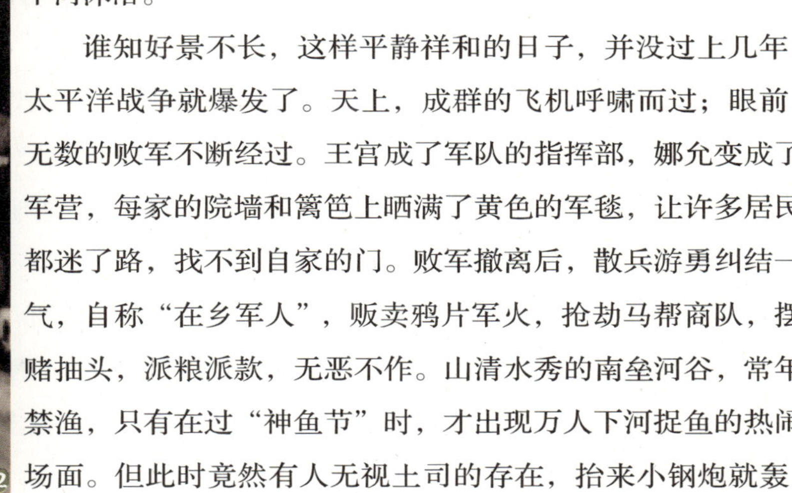

谁知好景不长，这样平静祥和的日子，并没过上几年，太平洋战争就爆发了。天上，成群的飞机呼啸而过；眼前，无数的败军不断经过。王宫成了军队的指挥部，娜允变成了军营，每家的院墙和篱笆上晒满了黄色的军毯，让许多居民都迷了路，找不到自家的门。败军撤离后，散兵游勇纠结一气，自称“在乡军人”，贩卖鸦片军火，抢劫马帮商队，摆赌抽头，派粮派款，无恶不作。山清水秀的南垒河谷，常年禁渔，只有在过“神鱼节”时，才出现万人下河捉鱼的热闹场面。但此时竟然有人无视土司的存在，抬来小钢炮就轰，

炮声在河谷里回响，久久难以平静，河面上飘着白花花的死鱼，方圆几十里都能闻到腥臭。

地方恶霸也兴风作浪，为害一方，如雪上加霜，令官民苦不堪言。更让人无法忍受的是，一个恶霸用三千大洋买了个乡长的头衔，结果让“在乡军人”得手，他恼羞成怒，调来军队，双方剑拔弩张，准备隔河开战。刀派洪和官员们心里都十分清楚，城中失火，终将殃及池鱼，这场恶战无论谁输谁赢，洗城在所难免，最后遭殃的还是城里的居民，必须出面制止事态进一步恶化。经过土司和官员三昼夜的往来斡旋，最后以土司加倍赔偿买官损失为代价，平息了事端。

1948 年冬，在国内严峻的形势下，末代土司刀派洪做出了重大抉择，经过秘密商议，他派出心腹，带上他的“西哩干宰”（银壳宝刀），到内地去寻找“红汉人”，转达他准备与“红汉人”一起“闹民主”的心愿。

1949 年 1 月，孟连的地方武装参加了地下党组织的武装起义，赶走了恶霸，“在乡军人”也望风而逃。4 月发布废除土司制度的布告，成立孟连县临时人民政府，刀派洪交出孟连宣抚司大印，被任命为县民族事务委员会主任。

❶ 土司刀派洪

❷ 刀派洪与二夫人刀秉团、儿子刀保国

❸ 掌印夫人嫡迪维

1949 年 10 月 1 日，孟连的各族儿女在刀派洪的组织下，在白鹤山隆重地举行了中华人民共和国成立的庆祝大会。会上，大家从缴获的收音机里，倾听到来自首都北京的声音，与北京天安门一同升起了鲜艳的五星红旗，与首都人民一同欢呼雀跃。娜允城为此举行了七天大摆，大家整夜不眠，敲锣打鼓、载歌载舞，为中国进入一个崭新的时代而欢庆。

一个横跨元、明、清、民国四个朝代的傣王家族，以这样的方式，结束了她长达 660 年的统治。

谁知，才过了一个多月，逃往缅甸的“白汉人”又卷土重来，向刀派洪逼要军饷。无奈之下，他领着妻儿逃到萨尔温江东岸的岳父家避难。在南下大军的追击下，萨尔温江东岸随即占满了“白汉人”，他又随岳父一家逃到西岸去，从此走上了一条不归路。

谁又能想得到，等他安顿好妻小和随从，他岳父的领地已经划归缅甸了。无奈的他，只能隔着重重关山遥遥东望，终日郁郁寡欢，1964 年客死异国他乡。

❶ 孟连宣抚司署官印

❷ 象征土司权柄的“西哩干宰”（银壳宝刀）

## 佛光塔影

走入娜允古镇，哪怕是一户普通人家的生活，也不难感受到这座古城所具有的古老灵性和神韵。傣家人的精神殿堂，不外乎由两大部分构成——神树寨心和佛寺佛塔。于是，独木成林的大榕树与枝叶婆娑的菩提树掩映的佛光塔影，便定格成傣家村寨的一道美丽风景。

站在群山环抱的坝子边，立于茫茫云海之上，一道金子般的光芒闪烁着，为洁白的云镀上一道道绚烂的金边。不用猜，那一定是金塔的尖顶刺破云层，把佛光洒向人间。随之而来的是极具穿透力的袅袅诵经声，一声声随风入耳，让人们的心中升起虔诚的敬仰。

在傣族村寨中，最引人注目的要数佛寺。由于傣族全民信教，每个村寨都有一座佛寺。佛寺一般都建在全村风景最优美和最突出的地方，在一片竹木浓密的地方，掩映着幢幢傣家竹楼，而其中高高耸立的佛寺尖顶和巍峨秀丽的佛塔，是识别傣族村寨的标志。

在娜允古镇的早上，经常会遇见提着圆竹篮，到佛寺送斋饭的傣族老人，老奶奶白衣绿裙，老爷爷白衣白裤白头巾。见到我们都满脸笑容，热情地请我们去家里坐坐。

走进娜允，走进普通人家的生活，不难感受到古镇所具有的古韵和灵性。普通百姓的精神殿堂，不外乎由大两部分构成——神树寨心和佛寺佛塔。于是，独木成林的大榕树与枝叶婆娑的菩提树掩映的佛光塔影，成了傣家村寨的一道独特风景。

以山水日月等自然存在为崇拜对象的原始宗教，是傣族与生俱来的古老文化。家里有家神，“男柱”代表男性家长，“女柱”代表女性家长，院门和家门都悬挂着“达撩”（神兽之眼），日夜守护着家园，令妖魔鬼怪退避三舍。

三城两寨都各有各的“寨心神”。寨心神是傣族村寨的保护神，通常是原氏族的祖先，在氏族发展为村社以后，便被本寨人供奉为寨神。寨神通常被供祭于村中的寨子中央，具有无上的权威。傣族人一生中的一切重大事件，都与寨神息

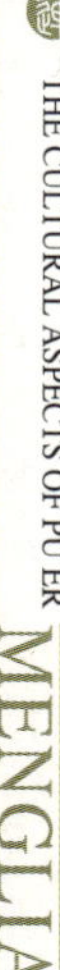

息相关，都要举行一定的祈祷仪式。每年的建寨日这天都要举行隆重的祭祀，届时，外人一律不准入寨。

在建立地方政权之时，首领就有意识地选一棵或种一棵大榕树，以此代表“勐神”，定期举行全勐的祭祀，以表达全氏族对祖先的崇拜。外出经商、打仗的人，临行前都要到此祭拜，乞求“勐神”保佑其平安归来。怀揣一片树叶远去的他，相信祖先的神力一定能时时“罩”住自己，让他毫发无损地归来。

粮食也有灵魂，“谷魂爷爷”的福气大得盖过佛祖，一旦得罪了，就得食不甘味、食不果腹。因此，傣族从种植、收获到食用，都有一套祭祀活动伴随着整个流程，把“民以食为天”演绎成一幕幕惊天动地的戏剧。

人们对山神、树神、水神以及各种自然神的崇拜、敬畏，实际就体现了人作为自然界的一员，必须尊重自然，按自然规律办事，追求人与自然和谐的心理需求。

大金塔的诵经场面

南传上座部佛教真正被孟连傣族统治者接受，并奉为全民信仰的宗教，不过几百年。据傣文史料记载，傣历843年（1481年），召嫡勐派四位大头人带领数十人，携骏马四匹及金银彩缎等礼物，到缅甸阿瓦迎取真经。缅甸土司回赠大象四头、三藏经、佛像、法器等。从此佛教便渗入傣族生活的方方面面，与原本势如水火的原始宗教，渐渐形如水乳交融。

在傣族村寨的建筑中，佛的位置比人的位置显得更重要。不论是轻盈动感的佛寺，还是庄重雄伟的佛塔，都力图营造出信仰世界中的神圣空间，从而唤起人们的宗教意识。

傣族佛寺的造型富有动感和韵味，庞大起伏的歇山式屋顶，分段举折、重叠递升。屋面轮廓丰富，凹曲构成弧面，柔和优美。屋脊装饰华美，变化多端。屋檐斜撑出挑，似展翅欲飞的大鹏，充满向上升腾的态势。加上精湛的雕刻，琳琅满目的装饰和丰富的色彩，使整座佛寺显得缤纷夺目，精美绝伦。佛寺一般由大殿、经堂、僧舍、鼓房等部分组成，佛殿是佛爷讲经说法的地方，也是供佛之所，体量最大，造型也最为精美。傣族佛寺不仅吸收了中原建筑文化的内容，还受缅甸、泰国等东南亚国家建筑风格的影响，同时也汲取了傣族传统建筑文化和民居建筑的一些特点。从布局上说，多沿东西向纵向布置，但并无严格的对称、对中、严整等要求，较为自由和灵活。佛寺的屋顶和屋面很有特色，屋顶往往庞大陡峻，屋面轮廓丰富，使整个建筑显得轻盈、飞腾。

① 夕阳下的孟连宣抚司署

② 佛光普照

佛寺是积累保存史料的场所。佛寺的藏书很丰富，除了佛教经典外，还有天文、历法、地理、算学、医学、历史、文学等的手抄本书籍。这些手抄本的载体同样种类繁多，贝叶经、折叠经、构皮纸经、棉纸经、竹筒经、树叶经等，其中，贝叶经最具特色。

佛寺里供有佛像，挂着许多佛幡，墙上有壁画，板壁和

❶望　月
❷南垒河夜色

柱子上有金水漏印的装饰，将佛寺布置得富丽堂皇，大殿里还陈列着许多精美的手工艺品，使佛寺成为集中展示民间工艺美术的场所。

孟连全县一共有73座佛寺。时至今日，佛寺在傣族的生活中仍占有重要的地位，结婚、盖房、生病、丧葬都要请佛爷来诵经，傣族的节日与宗教紧密联系，甚至源于原始崇拜的各种祭祀，也请佛爷到场主持。总之，傣族佛寺已不再是一个单纯意义上的宗教场所，傣族的文化、教育全都发源于佛寺，一切民俗活动都与佛寺有关，所有的民间文学、工艺美术都可以在佛寺里找到，傣族佛寺的文化保护功能，越来越受到人们的普遍关注。

走进娜允古镇，我们看到，除了孟连宣抚司署外，高大的三重檐建筑只有佛寺，使得佛寺在一片民居中显得十分宏伟壮观。站在上城佛寺的围栏上，整个孟连坝子尽收眼底，远处，四围青山连绵起伏，一个个傣家村寨掩映在凤尾竹与大青树下；近观，老城与新城对比强烈，时光从古老向现代延伸。

上城佛寺占地5000多平方米，位于孟连宣抚司署的北面，紧靠古木幽深的金山，是土司子弟和家奴出家的地方。过去的傣族男子，无一例外地要出家，不然，将被视为没有教化的生人，与猴子一般，没有姑娘肯嫁他。

1948年初，末代土司刀派洪的儿子刀保国，出家到上城佛寺当和尚，还有17个居住在官府附近的男孩，与他一同受戒。土司出资举行了出家仪式，隆重的大摆做了七天七夜，进佛寺前，还让这些准小和尚骑着马，风风光光地游城。

前来祝贺的，不仅有土司辖地的官员，还有外地来祝贺的，连那位向土司买了一块牛皮大的地，却用牛皮绳圈了一座山，建起一座大教堂的外国传教士也来了，他在议

事厅和白鹤山放映的无声电影，让土司官员和百姓也领略了西方世界的文明。

出家本是件苦差事，晨钟暮鼓、吃斋诵经、清扫庭院、拂尘浴佛、挨家化缘，哪样是轻松的？更何况是土司六七岁的长子。佛戒威严，错了就要挨打。可谁有那么大的胆子，下手打土司的儿子？总得有人替他受过吧！一起出家的穷孩子就是替罪羊。

上城佛寺又叫洼景额，傣语意为龙城佛寺。相传，佛寺底下有个溶洞，与南垒河的大龙潭相连，龙潭里的龙经常沿此通道，来寺里听经布道、接受香火，因此而得名。

上城佛寺始建于明代，重修于1868年，由佛殿、僧房、大门、引廊、经亭、佛塔和大佛像组成，与金山的自然景色相互映衬，显得十分和谐。佛殿为歇山顶三檐外廊式土木结构，56棵圆柱呈8排对称排列，屋面还是傣族常用的小挂瓦。

直插云天

佛寺也是赕佛、祭祀祖先的地方，从关门节至开门节，

金色总佛寺

土司一家每周都要到这里听经和斋戒，心灵在静思中得到反省；每逢佳节，土司要到这里滴水，祭奠祖先，缅怀先人的丰功伟绩。这么神圣的地方，就算没有真正的龙来过，善于把自己的生活诗化的傣族，也会赋予它神圣的意义。

位于娜允古镇中心的中城佛寺，始建于明代，重修于 1910 年，是居住在中城的官员的专用佛寺。古建筑占地 3000 多平方米，由佛殿、僧房、走廊、八角亭、金塔组成。柱子以赭红色为底色，上面印着金粉贴印花卉纹饰，佛像前内檐柱左右上端是鎏金飞龙花牙子。佛殿四周的隔板上也是赭红色的，上有金粉贴印的须弥座式葫芦宝塔、佛像、傣族歌舞伎、花卉等图案。外廊四周的 24 棵外檐柱，复盆式柱础，檐上有木雕，柱头饰有彩色玻璃仰莲。

站在佛殿前仰望，东西两面的歇山顶板，镶有三朵彩色玻璃梅

花图形，歇山顶檐的隔板上，饰有金粉贴印的孔雀公主、佛像和花卉。两排檐坊，均有金粉贴印花草纹饰，整个佛殿被装点得金碧辉煌。这座佛寺，作为傣族官家佛寺建筑的代表，2003 年被云南省人民政府批准公布为省级文物保护单位。

站在中城佛寺的大门前，遥望波光粼粼的南垒河畔，河畔有座金光闪闪的大金塔，掩映在菩提树下。还没走近，清脆的风铃与雄浑的钟声，如天上的梵音，声声入耳，让人心中翻起一股热浪，感受到一种佛国特有的氛围。

菩提树叶在晚风中滴溜溜地转，成群的八哥、麻雀飞起落下，凤凰花开得火一般热烈，孔雀开屏炫耀它的美丽，小和尚正在清扫阶前的落叶……这一切与金塔这座背景如此和谐，仿佛早就在那里等着我们到来。

傣族建塔之风在宋代已经形成，至明清兴起建塔高潮。傣族佛塔外形美观、形式多样，受缅甸、泰国等东南亚国家建筑风格的影响较大。

佛塔起源于古印度，又称“浮屠”，主要是用来供奉佛舍利的。相传，佛祖释迦牟尼在勐兰嘎涅槃了，各国的国王都闻讯前往，因路途遥远，他们到达时，佛祖已经被安葬了。有位国王心有不甘，抓了一把坟头的土，用布包起来带回国去，其他国王见了纷纷效仿。那位国王回去后，感到这土与佛祖的舍利一般尊贵，决定为佛祖修一座墓，供国民凭吊。他的臣民听了纷纷捐款捐物，支持国王修墓。在修墓的过程中，不断地有人捐款捐物。为了让每个人捐献的东西都能派上用场，工匠们只好在已建好的墓的四周和上面不断地添加上去，加来加去，就成了塔的样子，其他国家见了也纷纷效仿。从此，佛塔就像雨后春笋般风靡傣族地方。

孟连大金塔，为典型的南亚宝座金刚式，由 24 座小塔环抱一座主塔构成，塔高 30 多米，与娜允古镇里的金殿仿佛珠联璧合，金殿与金塔相映成辉。金塔外实内空，中间设有地

一串红花伴塔林

宫，内供坐式佛像，四周画着八位护法。佛像与护法的穿着、相貌异于中原，佛像右臂袒露，左臂披袈裟，手指、脚趾一般长。在造型比例上，头部稍大，头高约为整个佛像的三分之一。佛像的脸为瓜子脸，神态端庄安详，两耳垂肩，眼帘微闭，嘴角微翘，形成恬静的微笑，一副慈悲怜悯之态。宽肩细腰，颈部较细，体型较瘦，因而显得更加秀美，不像汉族佛像那样圆润饱满。怎么看，都像美丽的少女，让人不由想起《天方夜谭》中有关帝王容貌的描写，面若十四晚上的月亮，两者之间有异曲同工之妙。

金塔东北角有尊立式佛像，头戴傣式王冠、肩披华丽披肩、臂戴宝钏、胸挂瓔珞，与坐佛比较身材苗条匀称。东面的一尊笑容可掬的弥勒佛，却是汉式的。

金塔的四周雕了龙和仙鹤，这似乎是酷爱孔雀大象的傣族文化，加入了中原文化的元素。问了守塔的老人，其实不然。龙本身就是南方水世界的产物，龙的身影无处不在，塔前的河是龙的化身，金山、银山是龙的双角，而仙鹤却是白鹤山的象征，那里曾经有棵大青树栖歇着上万只白鹤，只因环境遭到破坏，白鹤远离了家

乡。近年来，环境有所改善，孟连坝子又开始显现它们美丽洁白的身影。

环绕在金塔四周的方亭，供奉着傣族的四位神灵，傣语叫“丢娃拉”：南方增长天王，司风；东方持国天王，司调；北方多闻天王，司雨；西方广目天王，司顺。四大天王各护一方世界，既为人指点迷津，又致力风调雨顺，与金塔一起同镇河山。

金塔不仅是一道美丽的风景，她还与当地傣族的生活密切相关。平时，村寨人家举行什么仪式，都要到金塔去许愿。每逢重大节日，要到金塔去为过世的亲人滴水。傣历年泼水节，在这里赕塔、浴佛。县佛教协会在这里举办傣文和佛经

象驮佛塔普度众生

放飞希望

的培训班，各村寨都把小和尚送到这里，与傣文爱好者一起学习傣文。

每当黄昏时分，金塔旁的娜允广场人声鼎沸，做体操的、跳民族舞的、跳迪斯科的、玩儿童电动玩具的声音及流动商贩叫卖声不绝于耳，但这些都仿佛与金塔里的小和尚无关。他们清扫完阶前的落叶，沐浴净身，在佛像前做完祷告，又专心地坐在教室里学习，朗朗的诵经声，与广场上的各种声音，汇成一曲边地傣乡特有的交响乐。

我们有缘参加在金塔举办的“千盏灯会”。金塔和娜允广场，人流如潮，锣鼓喧天。人们点亮千支蜡烛千盏灯，将整座塔装点得金碧辉煌，焰火如火树银花，孔明灯一盏盏升上夜空，期望照亮通往天国的道路，河灯在水中随波逐流，把人们企盼和平幸福的心愿传到天上。

1 灵魂卫士

2 今夜无眠

# 勐外——土司避暑山寨

勐外，意思是容易生存的地方。相传，孟连第七世土司刀派约不幸遭强人绑架，设计逃脱魔掌后，逃跑至此，喟然长叹，并感谢老天的福保。

之后的历代土司都在此建行宫避暑，只因这里背靠的是竹木蓊郁的象山，门前东去的是清澈的南扎河，树老林深，泉水潺潺，河中鱼儿成群，山上野竹密布，山清水秀，气候宜人，俨然一幅世外桃源景象。靠山吃山，靠水吃水，一方水土养一方人。这般诗意的生活，这般自信与随意，可是源于土司祖先们？

听说有座孟连土司的避暑山寨，席间有几位远从中原来的朋友，便嚷嚷着要去探秘。电话约了寨子里的向导，第二天一早我们驱车前往勐外，向导如约等在路旁。

勐外是孟连县娜允镇芒展村的一个傣家寨子，40 来户，200 多人，位于孟连县城至富岩乡公路 15 公里处。这里山清水秀，气候宜人，树老林深，泉水潺潺，河中鱼儿成群，山上野竹密布。寨子依山傍水，坐北朝南，背靠的是竹木蓊郁的象山，门前东去的是清澈的南扎河，俨然一幅世外桃源景象。

勐外，意思是容易生存的地方。相传，孟连第七世土司刀派约不幸遭强人绑架，设计逃脱魔掌后，逃跑至此，喟然长叹：生存实在不易！后来，取寨名时故意反其意，将不易变为容易。刀派约一生命运多舛，虽能文能武，上过京城，下过缅甸，担任土司才十年，就在这次被绑架时，在脖子留了一道刀疤。傣王府有法规在先，痴呆疯傻、身体有明显缺陷等有损官家形象者，不宜在位。为顾全官家的面子，刀派约主动退位，选择勐外做了他的隐居之地，于明弘治五年（1492年）正式建勐，并在此终老。几百年来，勐外成了历代土司的避暑胜地。

寨中一块高地，矗立着高升架。傣历年泼水节时，村民们在此聚会，将旧的日子之王送上天，迎接新的日子之王到来。这是个神圣之地，过去有古规，文官下轿，武官下马。传说有个土司手下的高官不信，结果从马上摔了下来成了瘸子。

寨子保护神——寨心，为土司建寨时所建。寨心的八面绘有神牛，中间精心呵护着一棵“帕共树”，年年保佑寨民丰衣足食；诵经房墙上的壁画，让我们了解了勐外的历史及神话传说。

佛寺门旁一座夫妻井，傣族风格的塔形井罩，造型为三只连体大象，是周围大象山、母象山和小象山的缩影，双井为日月神泉，源于寨后两座象山，阴阳相合，同气肢连，神交韵合，隐喻到此隐居的土司与妻子患难与共、白头偕老的动人爱情。井边熙熙攘攘，热恋中的男女和已婚夫妇皆到此共饮此泉。据说，可保爱情坚贞、家庭和睦、恩爱永远，中秋月明时甚灵。

寺旁的放生池边，长着两棵古老的柳树，寨民世称“夫妻树”。“妻子”依然健康地矗立着，“丈夫”早已拦腰折断，半截倒在池塘中，但它并未就此死去，而是从折断处顽强地长出新枝，风儿和鸟儿给它送来了种子，树身长出几种树，朝朝暮暮陪伴着“妻子”，笑迎朝霞喜送落日，度过了一个个春夏秋冬。

人们只知佛教为傣族全民信奉的宗教，而最初佛僧在傣族地区所受的冷遇却鲜为人知。没有寺庙香火，只能在山中结庐修行，以野果野菜度日。游过名山大川的刀派约，喜欢

翻山越岭，去找山中的和尚谈经论道，途中险些遭人暗算。

刀派约的母亲十分了得，也是个传奇人物，像她这样的傣族妇女，在历史上寥若晨星。她 25 岁守寡，此后的 50 多个春秋，扶持了连刀派约在内的 4 个傣王，于明弘治六年（1493 年），得到孝宗皇帝的提名旌表，70 多岁还在参与政务。她文韬武略样样出色，派重臣到缅甸取来真经，建佛寺、学文字，加强了与东南亚及周边傣族地区的交流，在孟连建立了一座佛教文化的丰碑。

勐外也在这时修建了佛寺。如今，佛寺香火很旺，这才不过上午 10 点，提着圆篮子，往佛寺送斋饭的妇女来来往往，见了游客都热情地问好。

漫步向寨西的土司之墓走去，按说，傣族并不习惯垒坟立碑，到佛寺滴水，就是祭奠亲人。这位土司辞世后，已被世人封为孟连的 35 位神灵之一，居住在河对岸的竜林里。但他的骨灰，却巧妙地封在两块天然的巨石里，与山河同在，与自然浑然一体。巨石前一道道天然石阶，仿佛步步登高的天梯，周围古木参天，巨藤缠绕，弥漫着一种肃穆庄严的气氛。

竹林深处有傣家

过竹桥，上竹梯，来到萨拉亭， 萨拉是印度巴利语。过去，土司即位须做三件事：一是大赦天下，二是赈济贫民，三是在寨旁路边修建萨拉，内设懒板凳，供过路行人休息乘凉，随时供有凉水。

人们喝着竹筒煮的香茶，在萨拉亭里举目远眺，整个寨子尽收眼底，但见万竿竹林环绕，四围翠绿的青山、一洼金色的田园，碧玉般的河水绕寨而过，寨里炊烟袅袅、鸡鸣狗吠，一派宁静祥和，令人心旷神怡。此刻，尘世烦恼、乡思离愁，尽被山风吹散，换了另类心情，体验起土司的悠闲。

进入密林深处，好一派热带雨林景观。彩蝶飞舞引路，秋蝉鸟儿欢唱；老树遮天蔽日，只漏下斑斑点点的阳光，树上形形色色的寄生植物，绽放鲜艳的花朵；林中苍苔覆地，理不清的苍虬老藤盘绕在大树上，巨大的板根立于巨石间，枯藤老树、怪石嶙峋，令人目不暇接。

林中的叮咚鸣泉，养耳又养心，植物之间的厮杀，却在眼前无声地进行着。以前见过的绞杀树，是先由鸟的粪便把种子携带到树上，生根发芽，慢慢地将树干围住，吸取营养，最终取代了寄生的那棵树。但这里的绞杀，嚣张得近乎张牙

竹梯伸向大象山

竹桥悠悠

舞爪，它可以随意变幻姿势，或像藤，或像蛇，在树与石之间盘来绕去，像八爪鱼一般肆意地绞杀。

听过地下暗河的潺潺流水，我们站在佛雨树下沐浴圣水。时至金秋，落叶纷纷，高大的树上只剩下密如伞骨的枝条，抬头仰望，银雨似线，滴滴答答，终日下个不停。傣家人称之为“佛雨树”。相传，佛祖在大象山上讲经，末了，向众人抛洒圣水，圣水已尽，后到者仍络绎不绝，佛祖把手中的树枝插在地上，后成此树。据说，沐浴佛祖手植之树洒下的佛雨，可祛病消灾、平安健康。多年来，远近的人们纷来求沐。正所谓“天雨虽宽不润无根之草，佛门广大难度不善之人”，游人往来如织，若无缘分，怎能恰遇佛雨纷飞？

大象山的鼻子部位，有片熔岩地貌景观，来到入口，两边陡峻的崖壁，夹着一个巨大的石块，石块上面还长着树，就像一道石宫之门。游人必须从深深的石门进入，钻过头顶的巨石，行至尽头，爬上木梯才能进入深山。

过了石宫门，左右是两道深深的石壁裂谷，右边的裂谷阴暗幽深不知尽头，让人望而却步。往左而去，探入谷底往上看，怪石嶙峋，让人寒战。传说，一个为害四方的妖怪，被神仙追赶至此，妖怪遁入深深的岩缝中，神仙震怒，双掌左右开弓，把岩石击开了两道裂谷。

移步换景，只见由岩峰上伸出一只巨掌，形成了一个自然的石宫，傣语称“那花岭”，意为猴宫。这里有许多千姿百态的钟乳石，棒槌击之，能发出各种动听的乐音。如同铓锣、钟鼓之声，余音袅袅，不绝于耳。传说，这里曾经住着一只神通广大的猴子，带领着一帮野猴，漫山采摘野果为生，终日嬉戏玩耍，好不悠闲自在。每遇外敌入侵，猴王就下令敲响铓锣，召集猴群共同抗敌。眼前的许多石头，简直就是大大小小猴子的化身，活脱脱呼之欲出，猴宫前还蹲着两只可爱的小猴子呢。

在大象山嘴巴部位，有一道100多米的大裂缝，形成了相距一米多宽、对峙而立的百丈悬崖，大裂缝的底部怪石嶙峋，光线明暗交替，抬头仰望，天空只剩下一条线，离地几米高处，一块方形的巨石仿佛从天而降，夹在两堵悬崖的中间。几根碗口粗的榕树根从崖顶一直伸到底部，猴子常常借此攀爬上下。

一个形状丑陋的石头悬挂在悬崖上，这就是那个曾经为害一方的独脚妖怪的尸骸。相传，傣王刀派约隐居勐外后，

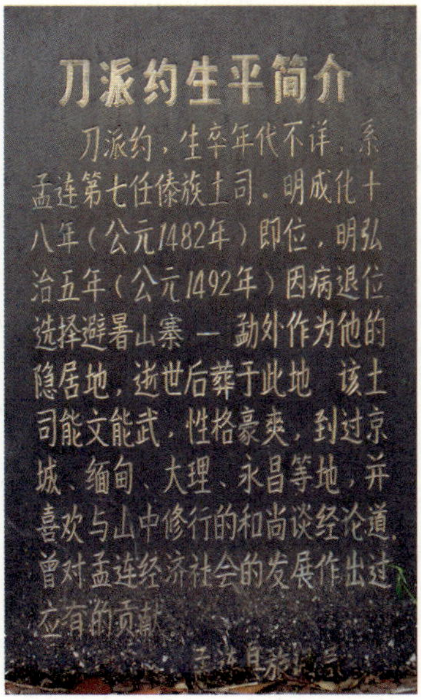

刀派约生平

刀派约生平简介

刀派约，生卒年代不详，系孟连第七任傣族土司。明成化十八年（公元1482年）即位，明弘治五年（公元1492年）因病退位选择避暑山寨——勐外作为他的隐居地，逝世后葬于此地。该土司能文能武，性格豪爽，到过京城、缅甸、大理、永昌等地，并喜欢与山中修行的和尚谈经论道，曾对孟连经济社会的发展作出过应有的贡献。

❶夫妻井
❷夫妻树

寨里的牛马经常无缘无故失踪。当得知是一只独脚妖怪在作怪时，傣王召集所有的佤族和傣族村民，连夜打着火把将大象山围个水泄不通，妖怪一露面，严阵以待的傣王已拉开祖传的神弓，将一只有多个箭头、能向后喷火的火箭，向妖怪射去，妖怪中箭，逃至大裂缝之上，突然毒性发作，坠落悬崖，尸体就这样悬挂在悬崖上。

这里还分布着大小三个溶洞，大洞在上，两个小洞在下，三洞相通，洞中险象环生，钟乳石笋，形态各异。洞中穴居着无数蝙蝠，扑面而过，让你惊出一身冷汗。

洞旁两面高大的绝壁中间，长着一棵千年古棕，巨大的叶片在蓝天铺就的底色映衬下，仿佛展翅的凤凰，给人无限的遐思。

位于大象山的头部凹入的地方那一景，需要勇敢与体力并存方能领略到。这里山势陡峭，刀切一般直的悬崖下面，有两眼甘甜的水井，虽在山顶，却汲之不竭。传说当年佛祖巡世，来到这里讲经，骄阳似火，他讲得

口干舌燥，把几十个葫芦里装的水都喝光了。年轻人准备再下山去取水，佛祖怕影响人们听经，于是大显佛法，用禅杖在悬崖下戳了两下，于是乎，冒出了两股永远也舀不干，又溢不出的清泉。

爬了两个多小时，虽汗流浃背，但几口泉水喝下去，疲劳顿时烟消云散。站在这里，看绿色的群山沿着河谷，向远方延伸，一股豪情壮志从心底油然而生，大象山已被我们踩在脚底，心情当然好极了！

下山后，在寨里的农家乐吃了一顿傣味十足的晚餐。晚上，就在这里的傣家竹楼住下。坐在阳台上，任晚风轻轻吹拂，听水车咿呀呀地转，看牛背上的牧童呜呜地吹着傣箫，赶着暮归的老牛悠然过河。爱作诗的小王叹道，真是条美丽的河，恬静得像个傣家少女！

一同喝茶的傣家姑娘马上回应道，你错了，这河名叫南扎河，意思是愤怒之水。别看它平时这么恬静，一旦天下大雨，河水骤然暴涨，瞬间冲毁桥梁堤坝，吞没牛马大象，就像一个怒火冲天的人。但是没多久，它又平静如初。

相传，一条小青龙，听说勐马坝子水肥田美、膏腴润泽，十分向往，想到勐马去住。它走了好久，爬了很长的坡，只要再往前走一阵，下个坡就到了，但它并不知道。这时，它在密林中，遇到一只高歇在枝头的白头翁，便向它问路。白头翁说：真好笑！你看我头发都白了，到过的地方该不少了吧，但我怎么飞也飞不到勐马。你无脚无翅，就这么爬呀爬，何时才能找到？我劝你还是回头吧！

小青龙一怒之下，掉头就走，变成一股愤怒之水，向孟连坝子冲去，怒气消散后，河水又恬静得像个小姑娘，很让人捉摸不透，人们便把它取名为南扎河。

河中闪着火光，有火把照亮水面，这是傣族小伙子在捉小红尾巴鱼。那河岸如萤火虫一般游动的火光，就是传说中的勐外一景——傣女捕蝉。声声的蝉鸣，不仅暴露了捕蝉人的行踪，也让阳台上观夜景的我们，知道了装在竹笼里的蝉的多寡。

带我们上山的向导说，过点随性的日子，在勐外真是再容易不过。客人到家，没有佳肴待客，赶紧烧火，在火塘的三脚上支了锅，再提着渔网下河，都来得及煮成美味的酸笋鱼，摆在客人面前。今天口袋里没钱了，不用愁，明天上山捡菌子、打竹笋、采蕨菜、摘粽叶，或下河捞青苔水木耳、捕鱼虾，到县城赶一趟街，勤劳的勐外人又有钱了。

靠山吃山，靠水吃水，一方水土养一方人。这般诗意的生活，这般自信与随意，可是源于土司的祖先们？

# 芒中——土司后花园

这里依山傍水，风景秀丽，三面被山岭环抱，看上去就像个聚宝盆。山间溪流潺潺，为饮水净身种田提供方便。丛林里野果繁多，香料嘛细为大茶树增香，确实是傣家人理想的宜居家园。

古茶园掩映着新建的傣式洋楼，古寺与金塔交相辉映，新老建筑与寨前翻滚绿浪的稻田，构成了一幅春色盎然的田园画。古朴纯粹的民风，对舌尖充满诱惑的傣味，使芒中一如深藏不露的酒巷，虽藏在东方的山坳，却名声远扬。

离县城 6 公里的芒中，驱车几分钟就可以到达了。一路的风景却处处留人，不得不走走停停。阡陌纵横，稻香阵阵；咖啡坚果，繁花满枝。乡间的那么多新奇的风景，小小的相机怎装得下？

进得寨里，古茶园掩映着新建的傣式洋楼，古寺与金塔交相辉映，新老建筑与寨前翻滚绿浪的稻田，构成了一幅春色盎然的田园画。古朴纯粹的民风，对舌尖充满诱惑的傣味，使得芒中这个深藏山坳的傣家小寨名声远扬。

寨名芒中，好听而又容易勾起人们的好奇心。

①守　望

②芒中佛寺

宽敞的四合院里，立着一座洋气的傣家新楼，院里芒果树下，摆着大茶板和茶具。寨里几个德高望重的老人和我们围坐在一起，一边喝着芒中古茶，一边闲聊。

芒中人到这里建寨，光阴在不经意间已流过了400多年，寨名芒中的“中”，是他们虔诚崇拜的一种植物——红木荷。

被傣族崇拜而供奉在寨子里的树通常有几种，大青树、菩提树、帕共树和帕赏树，每种都有各自的文化内涵。

在孟连傣乡，有村寨必有大青树，有佛寺必有菩提树。伫立于村头的大青树是傣家村寨的“神树”。它独木成林，一棵中心主干支撑着树枝向四方延伸，横空出世的侧枝从空中飘下一屡屡气根，一旦接到地气，便迅速长成一棵棵主干。放眼望去，犹如一顶顶葱郁繁茂的自然华盖，让人不由得赞叹大青树那步步为营的奇妙生存法则。因佛祖释迦牟尼在菩提树下参悟，菩提树象征大觉智慧，枝繁叶茂，吉祥如意。寨心栽上帕共树，相信它能保佑全寨人的衣食饱暖。家旁栽帕赏树，象征一个家庭乃至一个村寨的兴旺发达。

而芒中人崇拜红木荷，又有什么含义呢？相传，一天，一个傣家少妇去往田间给夫君送饭，路遇一个衣衫褴褛的老人，那少妇见老人可怜，便把饭全给了他。谁知，老人竟是佛祖的化身，他在试探人心的善恶。佛祖为了褒奖这个少妇的善举，拔下三根头发挂在一棵红木荷树上。天黑后，人们看见东方发出闪闪金光。第二天一早，好奇的人们便相约一路找来。到了红木荷树前，只见一条白角水牛，正跪着向红木荷树磕头。接下来的几天，每晚东方依然金光闪闪，那条白角水牛天天都到树下来跪拜。大家觉得这件事意义非凡，就派人去请师傅在这里建了一座金塔。

建塔的师傅来自缅甸仰光，他把这座金塔与仰光正在建的那座大金塔建成了姊妹塔。塔建成后，凡是中缅边界没有条件前往仰光朝拜的傣族，都可以到芒中来朝拜。

这里依山傍水，风景秀丽，三面被山岭环抱，看上去就像个聚宝盆，山间溪流潺潺，为饮水、净身、种田提供方便，从林里野果繁多，香料嘛细为大茶树增香，确实是傣家人理想的宜居家园。大家商议了一下，都愿意搬到金塔旁建寨，就因为这里有棵闪闪发光的红木荷，寨名就取为芒中。

红木荷有很强的适应性，能抑制其他植物在其树下生长，形成空地，可从低处阻隔山火。它既能单独种植形成防火带，又能混生于松、杉、樟等林木之中，起到局部防燃阻火的作用。而且红木荷的再生能力强。坚硬的木质增强了它的抗燃烧力，即使头年过火，二年也能出芽长叶，恢复生机。红木荷是当地的优质木材，木质坚硬，耐腐蚀，不怕虫蛀。各民

❶竹筒煮古茶

❷品古茶

族也喜欢用它盖房子，孟连宣抚司署和佛寺等大型建筑都用红木荷来做材料，好些梁柱经历了几百年仍很牢固。

红木荷集多种优点于一身，芒中人从中获得了颇多的人生感悟，它能受到寨人的顶礼膜拜，那是理所当然的了。

芒中古茶园的茶香味独特，野气十足，韵味悠长，每年春茶吐芽的时节，土司都要骑着大象来到芒中，看子民们爬树采茶，炒茶揉茶，然后带着一担贡茶回到娜允的王宫。

芒中寨子附近的丛林里，火把果、野李子、芒果、野栗子、锥栗，各种野果不胜枚举，有一种叫嘛贵藤的野果，长得满山遍野都是，但只有一棵树上结的果没有浆，这棵树的果子就成了贡品。

香料嘛细是经过小鸟的胃消化后，从鸟粪里长出来的，人工播种不成功，移栽别处也种不活，成了芒中所独有的，当然也是贡品。

也许是水土的关系，芒中的稻谷特别香。把割下刚成熟的糯谷稻穗，放在铁锅里炒熟，再用脚碓舂成米，当作芒中的贡品，送给土司家当零食。

跟随老人走出院子，到寨子里转转。古色古香的芒中佛寺显得鹤立鸡群。佛寺坐西朝东，重建于1886年，占地1700平方米。佛塔已不是当年仰光金塔的姊妹，重建的这座已雄风不再。佛殿为小平瓦屋面，三檐歇山顶，外廊式土木结构。同样是2003年被批准公布为省级文物保护单位的孟连两座佛寺，芒中佛寺与中城佛寺风格迥异，中城佛寺的屋顶较庞大，坡度较缓，显得庄严肃穆；芒中佛寺屋顶则较陡峻，感觉轻盈灵巧。

佛殿的地板是用烧红土加糯米饭、鸡蛋制成的，赤脚走在地板上，脚底感觉得到它的平滑与冰润。这是芒中佛寺之一绝。僧房里的大梁只用一根柱子挑起，三根柱子所承受的重量，落到一根之上，房子还稳稳当当的，经过多次7级以上的地震，也没见有什么闪失，这也是芒中佛寺之一绝。

芒中壁画

芒中佛寺的壁画内外不同，内壁和柱子用的是金水漏印图案，大象驮着华丽象舆，白马盖着金伞，金色宫殿的上空是一群乘云驾雾、翩翩起舞的歌舞伎，那是画师幻想中的人间仙境。

佛寺外墙的壁画是一个叫康朗三洛的住持手绘的，画的颜料是用有色的石头磨出来的。听老人讲，佛寺住持为了画出这幅壁画，夜不能寐，村民以为他脑子出毛病了，经过几易其稿，最后让我们看到的应该是住持最满意的杰作了。壁画讲述的是傣族英雄史诗《千瓣莲花》的故事。

傣王出巡被一位流浪汉惊了马，作为惩罚，傣王命令其去寻找传说中的千瓣莲花。他经过老虎的国度，在猴王夫妇的帮助下，跨过沾水即化的大江……历经磨难找回了千瓣莲花和花中的仙子，获得了幸福和爱情。整幅壁画气势宏大、人物众多，有佛塔、傣王、众僧、信徒和洋人，有河流、山川、树林、鲜花、牛马、龙凤和鬼神，最有趣的是虎身人面的雄虎和雌虎、牛头马身的怪兽。

壁画的造型，除了佛祖的形象与大殿中的佛像相似外，其他的人物、动物、房舍等，都是傣族画工和僧侣画家对自己周围生活的反映，夸张而富有浪漫的情趣，人间的成分多于天堂，透过神话的外壳，描写了世俗的生活，“天堂”不过是傣王宫廷生活加傣族田园风光的美化。壁画构图非常灵活，有的用线勾出情节片段的范围，用线可曲也可直；有的在一幅画上根据情节发展灵活安排画面，将不同时间发生的事置于一幅画面之中，不讲求时空关系和远近的透视，画面朴实、随意、自然，只要熟悉其内容的人一看就明白。

傣族佛寺的墙面有限，除壁画之外，有的画绘在布框上，然后悬挂佛寺内的列柱之间，以补充壁画的不足。傣族壁画无论从内容到形式，从构图到色彩，都充满了浓重的佛教色彩。白布上的画，内容多为佛经故事《维三达拉》和神话《召树屯》《婻沃弄》。壁画将若干个故事按情节分成若干场面，而错综组合于同一构图中，可谓趣味横生。

1
2

❶ 塔铃声声

❷ 独守寒秋

一幅幅地画在白布长幡上，似连环画般悬挂在大殿内。这些画一般采用单线平涂的方法绘制，形象简练概括，说明情节即止，不做琐碎的描绘。

壁画多用原色，对比强烈，技法变化不多；而布框绘画，在造型和色彩技巧上较为成熟，色彩略有浓淡过渡，但又不乏朴素的民间意味。由于作者的社会地位的差别，绘画的风格有明显的差异，出于僧侣阶层的作品，艺术水平稍高，秀美而有“蒲甘艺术”的气味。专业和半专业的农民画工，所画的则带有天真的稚气，但乡土情趣极为深厚，所有壁画都充满了朦胧而神秘的宗教色彩。

走出佛寺，遇到几个男子在树荫下闲聊。曾几何时，芒中的男人，成了方圆几十里傣家男人羡慕嫉妒恨的对象，很多人都削尖脑袋地想到芒中上门做姑爷。就因为听说芒中的男人很悠闲。

芒中的水源充足，可以开垦的田就多。但田多了还得有耕田的牛。不要紧，芒中的水牛黄牛也多的是。有给力的牛帮忙，芒中的农活便早早地结束了。这无形中，让芒中男人悠闲的时间延长了许多。闲来无事的男人，经常聚在树荫下闲聊，内容除了神话故事，山上的蜂蛹、酸蚂蚁、竹虫、知了和黑虫，田里的黄鳝、泥鳅、田螺和螃蟹，林子里的野果和山茅野菜，也在话题之中，找来这些山珍，配上芒中独有的香料嘛细，不知不觉中，一套令人垂涎的珍馐佳肴就琢磨出来了。

山好、水好、茶好、米香、果鲜，再加上可口的珍馐佳肴，让古时候的土司一有空，就想到芒中的行宫来住几天。土司的后花园就是这么来的。

与大家闲聊一阵，村头农家乐订的餐也到点了，大家起身往农家乐走去。一大桌佳肴在等着我们。雪白的糯米饭，蘸酸枣果酱，酸甜开胃。小苦笋蘸苦果辣迷，清热解毒。用竹棍夹着烤的土鸡和鱼，外焦里嫩。从竹筒里倒出来的马掌黄鳝煮橄榄皮、油炸蜂蛹竹虫、凉拌蚂蚁蛋、秧鸡菜煮成的酸扒菜、野芋杆炖小番茄、黑虫炒鸡蛋、田螺煮酸笋……配上傣家自酿的烤酒，让我们吃得连回家的

路都忘了。

想不到，几百年后的我们，还能在芒中的农家乐里，享受到当年土司的待遇。

我们在佛寺旁边见到一个卖小卷粉的摊位，一个少妇把一勺洁白的米浆舀进金属圆盘里，灵巧的双手轻轻一旋，米浆立刻铺匀了盘子，放在蒸锅里蒸上几分钟就成了。蒸好的卷粉，裹上香浓的酱汁，见了就忍不住想尝尝。卷粉又白又软，口感好极了！在热腾腾的蒸汽中，少妇红扑扑的脸蛋始终带着喜悦的笑容，听到我们夸奖，她脸上的笑容更灿烂了。

佛寺古塔

# 乐舞，傣家礼仪之魂

丝竹悠扬，舞姿轻曼，娱神娱人，其乐融融。遥想当年，这方至高无上的傣王与手下官民，就在这里一同欣赏宫廷乐舞，恍惚间，过往的时光似乎又在此滞留。只不过，今天坐在这里的，不再是一呼百应的傣王与臣民，而是来自地球村操着不同语言的游客。当游客们伴随着煽情的傣族打击乐演奏的鼓点，跳得那样忘我，那样投入，相信这个傣王宫的夜晚，会给他们留下难以忘怀的印象。

只见半尺高的地楼，从正中分成两块，东面权作舞台，随意摆放着象脚鼓、铓锣等民族乐器，西面权当观众席，设有大块红花梨茶桌和木墩座椅。观众情绪高昂，抢在表演前这点时间里，在乐器前摆出姿势留影，或围着一架像木琴样，由几十片钢板组成的乐器——“嘎拉萨”，亲自演奏一番，一幅怡然自得的神情。

表演的傣族老人是傣族宫廷礼仪乐队的传人。相传，元明之际，他们的先祖就是活跃在傣族民间的一支乐舞表演队。明永乐四年（1406 年），孟连傣族土司被朝廷封为“孟琏长官司”后，举行了隆重的庆典。庆典仪式中，他们的乐舞受到朝廷特使和中原来宾的交口称赞，让土司觉得很长脸。此后，这支乐队被土司册封为官府的礼仪乐舞队，每逢土司举行重要庆典、嫁娶仪式和节日庆祝活动，都发布通告请他们前去表演。

在土司统治的时代，子民们为全社会分担一份工作和责任，就算是他为统治者承担的税赋了，史学家将其称之为“劳役地租”。这个寨子每年的固定差事和向土司交付的“劳役地租”就是表演乐舞。随着时间的推移，乐舞队也渐渐变成了生存在民间，既用于群众性自娱自乐表演，也为土司衙署表演的特殊演出队伍。这支乐队艺人之所以能够递代传承至今，还能保留着傣族传统的演奏曲目、乐队编制、乐队组织和表演形式，主要得益于受到“官方”的维护。

乐队的演奏形式多以合奏、齐奏进行，在吹、拉、弹、唱中伴以蜡条舞、长甲舞、孔雀舞等舞蹈。由于半个多世纪以来的社会发展和变革，现在保留下来的乐器还有“省”（四弦弹拨乐器）、“多罗”（拉弦乐器）、“嘎拉萨”（钢片旋律打击乐器）、“腊敢”（铜磬）、象脚鼓、铓锣、镲等几种，演奏的乐曲规整，风格独特，旋律优美动听，器乐和歌舞配合协调自然。这种集歌、舞、乐于一体，始终把礼

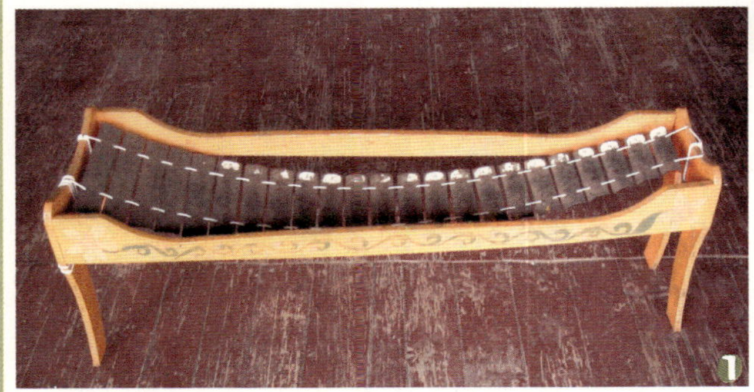

仪贯穿其间的乐舞形式，在云南傣族民间中已不多见，她是傣家的礼仪之魂。

目前仍在傣族民间流传的曲目，较有代表性的器乐曲有：《婻窝罕》（金莲公主）、《所诗》（纯旋律乐曲）、《帕沙歪》（晃动的经幢）、《蚌丙》（温泉畔）、《偏卢习》（第四乐章）、《咪罕匹唯》（连鬼都厌烦的寡妇）、《甩嘎拢》（大鹏舞）、《谢列卯》（沉醉）等；用乐队伴唱的歌调有：叙事歌调、情歌调、弹唱调等；民间舞蹈有：长甲舞、蜡条舞、孔雀舞、马鹿舞、棍舞等。

他们自制的乐器，看似简简单单，但演奏起来却旋律规整、优美动听，颇有南音的余韵。伴舞的少女头戴金色塔形帽，手指安金色的长甲，举手投足轻曼舒展，那傣族宫廷韵味，令人心醉，给人优雅高贵的感觉。一曲优美的《婻窝罕》，余音袅袅，绕梁不绝，已让观众思绪万千，泪眼蒙眬。

武士装扮的几个小伙，在一位领舞老人的带领下，双手夹着点燃的蜡条，随着乐曲，跳起娱神的《嘎菲点》（蜡条舞），一脸肃穆的表情，加上由肢体语言抒发出来的那份庄严虔诚，将众生幸福安康的祈求，传达给天神以及每个附着在王宫各角落和柱子上的精灵，观众随之肃然起敬。

①嘎拉萨

②宣抚司礼仪乐队

一曲《蚌丙》奏响，少女一反之前金碧辉煌的宫廷舞蹈装扮，身着民女服饰随着音乐款款舞至舞台中心，上身着白色的短小紧身衫，袭一笼咖啡色的长裙，左肩斜挎一根咖啡色的飘带，舞蹈再现了一群美丽的姑娘，在温泉畔沐浴的活泼群像。

元明以来，中央王朝在云南实行以夷制夷的土司制度，在诸多的民族土司府中，都曾有过规模不一、风格各异的礼仪音乐或乐舞形式。但自清代雍正年间实行“改土归流”后，随着土司制度的式微，其礼仪乐舞也随之消失。到20世纪80年代，经过文化工作者艰苦的收集整理，目前只收集到三套土司礼仪乐舞，其一是丽江纳西族木氏土司府遗存于民间的《白沙细乐》，这是一种细乐与歌唱相结合的艺术形式；其二是武定、禄劝彝族诸土司府遗存于民间的《唢呐鼓吹乐》；其三就是孟连县土司府的歌舞乐相结合的艺术形式。由此，足见其弥足珍贵。

遥想当年，这方至高无上的傣王与手下官民，就在这里一同欣赏宫廷乐舞，丝竹悠扬，舞姿轻曼，娱神娱人，其乐融融。恍惚间，过往的时光似乎又在此滞留。只不过，今天坐在这里的，不再是一呼百应的傣王与臣民，而是来自地球村操着不同语言的游客。

傣族的舞蹈，总是与象脚鼓声黏在一起，哪里有鼓声，哪里就有傣族舞。同行的姑娘听到了鼓声，说忍不住想跳舞。谁让傣族把象脚鼓敲得那么煽情，那么充满激情和诱惑，又那么暧昧，催动人们的脚步，让人无法自制，想不融入其中都难。演出结束前，观众受邀与演员同台跳舞。伴随着煽情的傣族打击乐演奏的鼓点，大家跳得那样忘我，那样投入。相信这个傣王宫的夜晚，会给他们留下难以忘怀的印象。

傣族最负盛名的传统舞蹈，不是圣鸟之舞，就是瑞兽之舞。孔雀舞、马鹿舞和大象舞是傣家节日盛会必有的节目。这些仿生舞蹈，造型稚气，憨态可掬，将我们的记忆，拉回遥远的人类童年，把远古热带雨林中人类与动物们和谐相处的情景搬到眼前，上演了一幕幕亦真亦幻的童话剧。

①《婻窝罕》
②《蚌丙》
③傣　舞

孔雀是傣族人民心目中吉祥如意、美丽善良的象征。相传1000多年前傣族领袖召玛黎杰苏模仿孔雀的优美姿态起舞，后经历代民间艺人加工成型，流传下来，形成孔雀舞。

在佛经故事中，有一个王后生了重病，她梦见有只孔雀王可以治好她的病。她告诉了国王，国王派人到森林里把孔雀王捉来，准备杀了孔雀王给王后治病。孔雀王说只要它能治好王后的病，就不能杀它，国王允许。孔雀王替王后治病时，先对着桶里的水念了几句咒语，就叫人拿去请王后喝，剩余的水让王后洗澡。就这样王后的病治好了，国王便放了孔雀王。后来很多病人都来找孔雀王治病，由于人太多，孔雀王走到河边，对着河水念咒语，人们喝了河中水或跳到河中洗澡，病就好了。瞎子能看见了，聋子能听了，驼背也直了，每当孔雀王在河中洗澡时，总要抖落羽毛上的水珠，水珠凡落在人身上就健康，落在土地上，来年就是五谷丰登……

人们非常喜爱这种表达佛经内涵的孔雀，无论是跳孔雀舞的人，还是看孔雀舞的人都是在祈求和平、吉祥和幸福。当舞者展翅抖落羽毛上的水珠，人们仿佛接受了最美好的祝福。

孔雀舞大都有固定的程式，孔雀醒来、出巢、下山、飞到河

边、饮水、洗澡、抖落羽毛上的水珠、开屏、飞翔……让吉祥和幸福溢满江河、洒遍大地。不同地区的孔雀舞，程式内容不尽相同，但主题都一样，那就是表现吉祥、和平、善良、美丽。此类孔雀舞几乎都与水分不开，这与孔雀本身的生活习性有关。

马鹿舞，亦称“烦朵”。“朵”是一种神化了的动物，据说有狮子头、狗嘴、鹿角、长颈、细毛。汉语把此舞称为“马鹿舞”。佛经故事讲，一个国王每天要杀一只鹿祭神，鹿王为了救一头怀孕的母鹿，自己走到国王前，愿替母鹿去死。国王感慨地说：“我枉为人间君王，却连鹿都不如。”国王放了鹿王和母鹿，从此不再杀鹿。此国也因而风调雨顺，国泰民安了。

过去马鹿舞在盛大的宗教节日才跳，主要是为了祈求风调雨顺、国泰民安。马鹿舞道具身长一丈，颈长八尺，用竹篾编成圆圈，外面用布包起来，把剪碎的彩纸或布粘在上面作为皮毛。一般由两人合作扮一只马鹿，前面的舞者饰马鹿头和前半身，用棍支撑颈部做画字动作，后面的舞者掌握尾

演奏宣抚古乐

部，向两边做敏捷的小跳及跌扑、腾转等动作。舞步和鼓点均与孔雀舞相似。

大象是傣家的吉祥物。在傣族家喻户晓的佛经故事《维山达腊》里，一个国家因拥有白象而繁荣昌盛，可怜的邻国饥馑连年，将白象借去，使这个国家日渐衰败，最终国王不得不在国人的怨声中挂冠离职。这故事说明，大象不是一般的宠物，是一个国家或地区国力强弱的象征。古时候，傣王以大象为坐骑，出门以象代步。大象身上着绿色的披挂，点缀银镜和银钉，一座小巧玲珑的象亭立于鞍上，傣王与王后端坐在铺设松软缎褥的交椅上，臣民百姓匍匐在他们脚下，王者之威尽显无余。

大象还是土司赴京朝贡的贺礼。向皇帝贡象就等于向世人宣告臣服，再多的言语都显得多余。孟连土司历史上，曾多次向朝廷贡象，几朝的史书中都有详细记载，只是无人做过统计罢了。除此之外，大象还用于战争和耕田。

随着土司封建领主制的式微，大象的数量也逐渐减少。不知是天意还是巧合，就在中国历时几千年的封建王朝被推翻的那年，孟连土司府最后的三只大象也相继寿终正寝。虽然大象没了，但大象的丰功伟绩不可磨灭，大象的灵魂仍在，人们有理由将它立为人人敬奉的神灵，以舞蹈来崇拜和纪念它。

1 马鹿舞
2 白象舞
3 傣王宫廷舞

# 公主塔传奇

公主为了自由和爱情，宁愿抛头颅、洒热血。伤心的父亲，决定为女儿建一座塔。塔建在女儿一心向往的南方，只要站在宣抚司署的山门前，一眼就能望见坝子那头的白塔。后来，公主被百姓封为孟连的35位神灵之一，被供奉在公主塔。

公主塔建在与孟连宣抚司署大门遥遥相对的南山上，傣语叫“塔汉勐”（坝子尾巴上的塔）。

公主塔太古老，又经历了几次大地震，如今掩在萋萋衰草中，已经看不出它当年的模样，只有几棵高大伟岸的木棉树，在默默地守护着它。夕阳西下，山风呜咽，仿佛在对我们诉说着几百年来的凄风苦雨。

塔有大小两座，立于一条线上，大塔居东，小塔居西，中间相隔约 10 米。《孟连地方大事记》记载，两塔分别重建于傣历 1227 年（1865 年）和 1282 年（1920 年）。每年的傣历七月十五，全娜允坝子的傣族，要举行大摆祭祀公主。

这位叫婻贺菲的公主，是孟连第十六代土司刀派鼎的女儿。她生活的年代，没有战火硝烟，也没有饥馑瘟疫，在孟连土司历史上，算是最鼎盛的时期了。康熙四十八年（1709

年），刀派鼎进京贡象，被晋升为世袭宣抚司，官居从四品。

父亲仕途顺达，又开有银矿，日产几百两白花花的银子，想不让人眼馋都难。联姻是土司巩固政权、扩大势力的一种手段，古已有之。孟连不仅与佤族联姻，还与车里宣慰司、勐艮宣抚司、木邦宣慰司等结为亲家。联姻的好处，统治者都心知肚明，刀派鼎也概不能外。只是一家有女百家求，他权衡再三，也难以定夺。苦的是婻贺菲公主，花季年华，却终日顾影自怜，连小伙子都难得一见。

幸运的是，有个小伙子一直把她牵挂，只为儿时不知深浅的一

句儿戏，抱定此生非她不娶。为此，他拼命地挣钱，只想以此填平他们之间那难以逾越的鸿沟，幻想腰缠万贯之后，他能风风光光地把她娶走。当明白这一切都是徒劳时，他俩所能做的只有一件事，那就是——私奔。

所幸的是，同情他们的大有人在，帮助他们逃出王宫，途中又为他们放行。不幸的是，大臣根海很快发现他们出走，亲自带兵骑马追来。这位大臣自恃功高财厚，也想攀上这门亲事，眼看妄想就要破灭，他怎能容忍公主的反叛。

太阳爬上了东山，河谷的雾气，在朝阳下化作一缕缕纱带，缠绕在山腰，河水如同少女般恬静地躺在河谷中。公主与小伙子在温泉边，被根海带领的人马追上了。

根海恶声恶气地说，尊敬的公主，您贵为孟连公主，千万人叩破了头，也难见你的面。如今，却做出这般败坏门风有辱名节的事，叫您的父亲脸面何存，请您立刻上马，跟我回府去！

公主宁死也不愿回宫，根海决定成全他俩。公主提出最后的请求，死前要在这温泉再洗一次头。往后，每年的忌日，都要举行大摆祭祀她。否则，该下雨时偏偏烈日猛，晒得河水干枯露河沙；该天晴时偏偏下暴雨，整个坝子陷入汪洋。

根海答应了公主的请求，立即差人去找淘米水和柠檬汁。一对恋人手牵着手，深情地注视着对方。嘴角的笑满满的，两双眼睛中露出

❶ 公主塔现状

❷ 为超度公主诵经的和尚

的幸福也是满满的。他们的歌曾经像雨水般落进对方的心湖，流不走了，即使马上死去，也不会感到遗憾。

他们相信，前世他们一定缘深似海，所以，今生他们才会这般寻寻觅觅。他们更相信，来生他俩还会继续这情缘，还会再相互寻觅、互相等待，无论他俩是在天上地下，还是海中央。

生命和自由、爱情一样的可贵，当失去了自由和爱情时，生命也失去了存在的价值。就像一个丢失了灵魂的人，留着一个空洞洞的躯壳在世上，那只能算是行尸走肉。

洗发的淘米水和柠檬汁送来了，小伙子替婻贺菲公主拔下螺状发髻上插着的金簪，为她解开衣扣，帮着她脱下了紧身小衫，他转身放下短衫和金簪，公主已经把筒裙系到胸际，露出象牙般白皙的双肩和双臂。公主面带微笑低下了头，垂下瀑布般长长的青丝，慢慢地往头发上抹淘米水。

根海见一对恋人临死之际面不改色，深情款款，恨得牙根痒痒，忍不住抽出长剑，只见一道白光一闪，公主的头颅已滚到几步开外，鲜血哧啦啦地喷了根海一头一身。

在场的人都像木桩似的呆住了，一阵撕心裂肺的哭声把众人惊醒，小伙子抱着公主的头颅哭得天昏地黑，神鬼不安。

根海的心被这哭声震得发怵，公主的血热辣辣地灼痛了他的脸皮，他怒得举起了长剑，一剑刺穿了小伙子的心脏。他无声地垂下了头。但他俩的脸上仍带着幸福的微笑。

公主的父亲刀派鼎把失女之痛，迁怒于放走公主的善良百姓。将他们的田地悉数收回，撵出寨子，永远不准再踏进孟连坝子。善良的百姓们谁也没想到，这事到了终

结，竟是这般惨。他们痛苦、自责，把公主死去的罪责全揽在自己身上。他们后悔没留住公主，后悔没把公主藏起来，后悔没派快马把公主送离险境。可是，到哪里去找后悔药？

当他们扶老携幼离乡背井时，没有一个人出来说句请求宽恕的话，没有一个人心怀怨言；他们甚至认为自己罪有应得。他们在深山老林里终日游荡，走到哪里天黑就在哪里露宿，过着居无定所的生活。男人追逐走兽、射杀飞禽；女人采集野菜野果、掏挖毛薯。许多人生病死去，活的人自然而然地分成了许多群，渐渐地越离越远。失去了联系，再也没有听到过那些人的消息。

他们中的一群，追逐着一条金色的马鹿，来到一条小河边。一直在前面引路的几条猎狗吠得很凶，把人们引到小河边。走近一看，只见水面浮着许多小猪般大的鲤鱼，河边长着成片的野稻。头人说，这岸上有谷，水中有鱼，一定是个福地，咱们就在这建寨定居吧。

那个杀人的根海，土司倒也没把他怎么样。但他伸直了脖子，露出青绿青绿的大脖筋，到处为自己的行为辩解。在人们的唾液和白眼之下，根海疯了。一会儿哭，一会儿笑，待人们最后看见他时，他已暴尸荒野，下身被他自己手握的一把盈尺匕首，割得血肉模糊。他的后代，不是傻就是痴，最后整个家族一个人也没留下。

公主为了自己的所爱，宁愿抛头颅、洒热血。伤心的父亲，决定为女儿建一座塔。塔建在女儿一心向往的南方，只要站在宣抚司署的山门前，一眼就能望见坝子那头的白塔。后来，公主被封为孟连的 35 位神灵之一，被供奉在公主塔。

公主塔旁边的木棉树，那树干挺拔直立，就像他俩不愿弯下的腰；那火红的木棉花红得像他俩青春的血，任凭风吹日晒，依然褪不去那血一般的鲜红。公主遇难的蚌丙温泉，河对岸是一对恋人的坟墓。泉边一块平坦的大石头上面，还留下公主遇难前洗头的淘米水和柠檬汁的迹印。

❶ 公主被抓之地

❷ 公主被砍头的地方

土司制度

土司制度是元、明、清封建王朝对中国西南和西北地区一些少数民族地区实行的统治制度，由朝廷册封的各族各地首领世袭官职充当地方政权机构长官。土司制度是一套比较严格的管理制度，它起源于元代（1253年），完备于明代，延续于清代，少数土司制度残留至中华人民共和国成立后实行民主改革时期（1956年）。

朝廷根据各地少数民族首领辖域及权力大小，册封土司的规格，职权也不一样。明、清两朝把土司分为武职和文职，武职称“土司”，隶属兵部，有宣慰使司、宣抚使司、安抚使司、招讨司、长官司等；文职称“土官”，隶属吏部，实际收地方政府管辖，有土知府、土知州、土知县等。规格最高、权力最大的是宣慰使司。

元、明、清时期中央朝廷任命孟连的土酋长为当地土司（长官、宣抚使），并准予世袭，通过
土司实现中央王朝在孟连地区的统治。土司故后或年迈，由其长子承袭其官职，长子年幼则由其妻
或兄弟辅佐或代办，凡疯、痴、呆、傻、形象不佳者不能任职。承袭前，先由孟连议事庭将土司亲
供册报送吏部，再由吏部奏请皇帝批准方得承袭。遇到政变篡位等突发事件，孟连的亲供册上报
后，皇帝为稳定边疆局势也会批准。孟连土司依照朝廷规定按期贡赋、服从征调。康熙四十八年
（1709），因刀派钦被朝廷两次征调，建立功勋，在“改土归流”的大趋势下，孟连从长官司跃
升为世袭宣抚司，由6品升为从四品，其子刀派鼎被任命为宣抚使。从元代至民国，孟连共有28位
土司相继为官，另外，第五世傣王刀派乐的妃子召婻勐，辅佐4位土司当政。孟连土司制度一直延

❶ 祭祀公主的仪式

❷ 公主塔遗址

❸ 土司制度

每年的傣历七月十五，孟连的官民都要到那里祭奠她，官府以此警示人们不可效尤，百姓却在心中敬佩她。逐渐演变成一个节日——公主摆。赶摆集会要热闹整整七天，赶摆的盛况超过傣历年泼水节的大摆。 在傣家姑娘和小伙子的心中，这是一个神圣的节日，属于年轻人的节日。赶摆的七天里，他们有的很快就找到了心上人，有的很快就私订终身。门当户对的规矩，在这几天无效。这七天中所做出的决定，将使他们终身受益，甚至波及子孙。

举行公主摆之前的一段时间，娜允城里的小伙子都不在家住，集体住宿在南垒河边树枝搭的青棚里。大家动手做高升和小亭子。在公主塔的祭奠仪式上，大家放高升，为婻贺菲公主滴水祭祀，因为全孟连坝子的傣族都参加赶摆活动，所以相应地摆了许多卖食品的地摊，就像街天赶街一般热闹。

如果赶摆结束后下雨，这是祖祖辈辈视为最佳的结果。倘若天不下雨，还要举行一次少量人参加的祭祀活动。

虽然，这个节日已因种种原因，停止了几十年。但温泉畔的那个傣族寨，从来没有停止过七月十五的祭奠。许多怀春的傣族青年男女，仍然继续着他们先辈式的求婚。

公主地下有知，应欣慰含笑九泉！

# 第二章
# 雨林情缘

孟连是寻找到的一个好地方，盛享边地绿宝石、龙血树故乡的美誉。如黛的群山连绵起伏，环抱着翡翠般的河谷盆地，碧波荡漾的河水从秀丽的山谷流出，在广阔的田园中蜿蜒南去，傣家村寨掩映在凤尾竹中，小卜少挑着竹箩踏着无边的稻浪，构成一道美丽的风景线。

还有天然溶洞，还有彩色壁画，还有腊福天池，还有勐马飞瀑，还有奔腾的南卡江，还有苍莽的大黑山……这里是物产丰富的热土，这里是时光会驻足的净土！流连孟连，与梦相连，忘返的灵魂终将归附生命。

来吧！朋友，孟连欢迎你。

# 蔡希陶与龙血树

在土司统治的时代，竜山是娜允古镇的神山，除了祭竜，平时任何人禁止入内。千百年来，竜山悄无声息地矗立在南垒河两岸，听晨钟暮鼓，看船夫摆渡。山中古树自生自灭，林中鸟兽无人惊扰。

直到 1972 年，中国著名的植物学家蔡希陶先生踏上了竜山，山上的沉寂才被打破，那默默植根于悬崖岩缝中的千年龙血树，其价值才渐渐地被世人所知晓。

在喀斯特地貌的小山群中，南垒河忽而地下、忽而地上地奔突，换着法地在寻找进孟连坝子的入口。天神看懂她的心思后，派鬼斧神工将一座竜山劈成两半，为南垒河流进孟连坝子开通了道路。山上的切口赤红赤红，天长日久，幻化做两岸绝壁上的丹霞，在绿树的映衬下，格外地引人注目。被河水隔在两岸的山，名字也响当当，河西的山叫金山，河东的山叫银山。

在土司统治的时代，竜山是娜允古城的神山，除了祭竜，平时任何人禁止入内。千百年来，竜山悄无声息地矗立在南垒河两岸，听晨钟暮鼓，看船夫摆渡。山中古树自生自灭，林中鸟兽无人惊扰。

直到 1972 年，中国著名的植物学家蔡希陶先生踏上了竜山，山上的沉寂才被打破，那默默植根于悬崖岩缝中的千年龙血树，其价值才渐渐地被世人所知晓。

蔡希陶，浙江东阳人，是中国植物学界的泰斗级人物，我国著名作家徐迟曾著书，喻其为“生命之树常绿”。1932年，这位年纪刚过20岁的北平静生生物调查所实习生，主动请缨赴滇考察植物，从此便与云南这个“植物王国”结下了一生缘。蔡希陶先生离开北平，只身来到万里之遥的云南考察植物。与其雇来的同伴，跋山涉水，足迹从磅礴的乌蒙山到终年积雪的碧罗雪山，从水流湍急的金沙江到澜沧江、红河两岸的密林，风餐露宿，出入土匪盗贼横行之乡、蛮烟瘴雨之地，冒着生命危险，先后采集了10万多份珍贵植物标本，其中有不少新发现的种类，揭开了云南这个“植物王国”的面纱，让世人见识了这个植物宝库的真面目。

新中国建立后，云南的支柱产业烟草和橡胶，是凝结着

百年龙血树

蔡希陶先生多年心血的研究成果。但功成名就的他，对绿色世界的眷恋之情却丝毫未减。为了圆这个绿色的梦，他带着一群年轻人，奔向了绿海茫茫的西双版纳，乘坐独木舟横渡罗梭江，进驻林海莽原的葫芦岛，用“十八把大砍刀”劈出了绿色的家园，创建了中科院西双版纳热带植物园，并担任植物园园长。如今，葫芦岛已是繁花似锦、硕果累累，13500 亩的园地上，20 多个独具科学内涵的植物专类园区， 6000 种来自世界热带地区的植物，犹如一颗镶嵌在植物王国皇冠上的绿宝石，绿得闪闪发光、熠熠生辉。

为了寻找南药血竭资源植物，处处充满险恶的深山密林，也未能使这位年过六旬的老人却步。可是，应了中国那句老话，踏破铁鞋无觅处，得来全不费功夫。谁也不曾料到，这么成片集中生长的龙血树，竟然是蔡老先生来孟连看儿子时发现的。

蔡老的儿子是名大学毕业生，分配在孟连工作，当时与孟连文化馆的老馆长康朗相贡一道，在勐马的一个傣族村寨支农。蔡老在

考察中特意到勐马看望儿子，与初次见面的老馆长也聊得很投缘。晚上，老馆长带蔡老去拜访一位老摩雅（傣医），在老摩雅令人眼花缭乱的草药里，有一团褐色的树脂引起了他的注意。跟植物打了一辈子交道的蔡老，知道这就是他要找的血竭。他忙问这是从哪里弄到的？老摩雅说是祖上传下来的，他知道孟连大河边的山上有，但不清楚那树长得什么样，树脂又是怎么采集的。

老馆长笑着说，他知道。以前的文化馆馆址就在孟连宣抚司遗址内，老馆长在与傣族旧官员的闲聊中得知，血竭是一种非常稀有的药材，只有土司才有权利采集树脂。听说孟连土司的血竭专门卖给缅甸景栋一位经销药材的亲戚，一甩（约 1.6 千克）可以卖得 60 两银子。

此后，蔡老跟着老馆长回到县城，在南垒河两岸的金山银山上，找到了龙血树群落。通过勘察，确定孟连竜山为怒山山脉南延部分，属切割低山地貌，山势较险峻，坡度大，多为悬崖峭壁，石灰岩约占 50%，土壤多分布于岩隙间。其中龙血树占优势的 225 亩，共有龙血树 2833 棵，一般高 12 ~ 15 米，胸高直径 0.4 ~ 0.8 厘米，其中最大一棵高 18 米，胸高直径 1.21 米。蔡希陶先生把勘察报告递交到云南省，竜山自然保护点作为全中国最小的一个省级自然保护点，出现在云南省植物保护的名录上。

竜山自然保护点，位于孟连县城西北面上侧，东西长 1500 米，南北宽 750 千米。南起上城佛寺，北至果木林场，东起芒洪箐，西至南雅公路东侧，总面积 810 亩，南垒河从中穿越，河东片 435 亩，河西片 375 亩。

我们从上城佛寺后边，沿着石阶拾级而上，顺着石板铺成的小道穿过金山。金山上的小花龙血树属龙舌兰科龙血树属，是提取名贵中药“血竭”的原料。在我国，血竭是传统中医的内外伤特效药，已有 1000 多年的应用史，多用于止

蔡希陶（1911—1981 年），出生于浙江东阳，上海华东大学毕业。历任昆明植物研究所副所长、所长，兼任云南省科委副主任、中国科学院昆明分院副院长。蔡希陶在西双版纳的葫芦岛筹建了中国第一个热带植物园——中国科学院云南热带植物研究所，创建了中国第一个热带植物研究基地

❶ 千年沧桑

❷ 通往龙血树的路

血、活血、生肌，治疗跌打损伤、五脏邪气等。血竭最早出现于刘宋雷敩撰于5世纪的《雷公炮炙论》三卷。此书为我国最早的中药炮制学专著。但从唐朝以来，血竭都是我国完全依赖进口的药物。

蔡希陶先生在孟连发现的龙血树群落，改写了中国没有血竭资源的历史。这是蔡老一生在植物学领域中的重大发现之一，值得大书一笔，载入史册。

金山上的绿，生长在犬牙交错、怪石嶙峋的喀斯特地貌上，龙血树混生在紫柚木、木兰等珍贵植物中。小花龙血树为阳性树种，二三月的花期，六七月的果熟期，不仅具有较高的药用价值，同时也是很好的观赏树种。这是一种与众不同的树，它嗜钙的特性，让它生长在贫瘠的石灰岩山上，灰白的树干多数已空心，向过往的人们诉说着它千年的沧桑，树枝上一圈一圈的环，是叶片脱落后的痕迹。绿色的叶片像锋利的长剑，密密地倒插在树枝顶上，可以把雨水汇集起来沿着树干流淌到根部，发达的根系牢牢地抓住岩石，顽强地支撑起粗壮的树杆。

金山上的植被非常茂盛，万种花香，千寻鸟语，平添了山林的深邃和静谧。肥大的蕨类植物借顽石抽根，形态各异的榕类植物，依然沿袭着一种最古老也最坚韧的生存方式，附生在巨树上肆无忌惮地滋长。缠了又缠的古藤，让人联想到一种千丝万缕生死胶结的恋情。一撮苔藓就是一枚生命的徽记，一棵小草就是一种力量的延续，每一片绿叶都是天籁，每一滴露珠都是佛光。

在金山上遇到一位阿公，正在对着两棵树合掌叩拜。他给我们讲起古老的传说。相传，不知哪一代土司有位王子，年方 8 岁就在上城佛寺里做小和尚，日日伴随晨钟暮鼓学习经文。十几年后，王子的知识与日俱增，被晋升为二佛爷。但是，要继承王位，光识文断字还不够，除了习武弄箭，还得积累统治地方的经验。于是，他脱下袈裟还俗回宫，不是跟随在父王身边，就是带着芒方的猎户上山打猎。

金山下面有个溶洞与大龙潭里的龙宫相连，龙王有一儿一女。龙子已经娶妻，龙女还待字闺中。每当佛寺里的和尚念经时，上城佛寺的佛龛后面的溶洞，就把那诵经的梵音传到龙宫里。龙王一家渐渐入迷，常常到上城佛寺的佛龛后面听经。龙女常常听父母和哥哥谈起王子，对他的言行举止赞不绝口，天长日久，龙女对王子产生了爱慕。她每天对天祷告，乞求天神帮助她与王子成就天合之好。

蔡希陶在带学生

一天，秋高气爽，天气晴朗，正是打猎的好日子，王子召集猎户到南雅小河一带打猎。猎户们围成一个包围圈，一齐放声呐喊，把一只金色的马鹿赶到王子面前。王子拉弓射箭，射中了金马鹿。后来，王子因为追赶受伤的金马鹿，渐渐离打猎的队伍越来越远，来到金山上一片石林遍布的迷宫里，怎么也找不到出口。正当他在迷宫里转来转去，又饥又渴又疲倦的时候，一个仙女般美丽的姑娘出现在他面前，姑娘把他引到家里，用美酒佳肴盛情地款待了他。王子看着美丽的姑娘，她的面容仿佛在梦中见过，他爱上了她。

原来金马鹿是天神变的，他在天上听到龙女充满深情的祷告，被她的爱情所打动，他变成金马鹿把王子引到金山上，把石林变成迷宫，让他困境中得到龙女的帮助，并与之相爱。

王子与龙女爱得难舍难分，但王子是凡胎肉体，怎么能与龙女一起飞上天，必须经过艰难的修炼，才能成为龙身。王子决定在金山上修炼。与他一起修炼的还有孔雀、狮子、鸵鸟等鸟兽，以及龙血树、紫柚木、木兰和许多说不出名的山藤树木。

王子失踪后，他的父母成天伤心流泪。王子梦见父母伤心流泪，自己也流下了眼泪。与王子一同修炼的两棵树对王子说："我们只是普通的两棵树，今生得与王子一同修炼，已是几世修来的福气。让我们来替王子和父母，替天下所有的人流泪吧！愿所有来向我们诉说心事的人开开心心，从此不再流泪！"

经过多年的修炼，王子炼成了龙身，与龙女结为夫妇。在一个雷鸣电闪、风雨交加的夜晚，王子和龙女一同登上登天石，双双乘风而去，被派到远方的江海中任职去了。

如今，金山上还留下一片片小石林组成的迷宫，留下"孔雀回眸""雄狮傲世""鸵鸟负树""双龙升天""流泪树"等遗迹。特别是金山上的两棵"流泪树"，传说受到人们的

叩拜后，它会替你把后半生的泪流尽，让你开开心心地过好每一天。

我们听完这个美丽的传说，不禁思绪万千。大家像阿公一样虔诚地叩拜了下雨树。然后，从一棵棵高大的龙血树和紫柚木的群落中穿过，往山下走去。

漫步在金山悬崖下面新建的木栈道上，暮色中散步的人们络绎不绝。南垒河水依旧在大象潭的吊桥下静静地流淌着，远处龙潭大坝的风雨桥装饰着华丽的彩灯，河面上的倒影流光溢彩、变幻莫测。

我们徜徉在高低起伏、曲折蜿蜒的栈道上，峡谷中吹来的河风，梳理着悬崖岩缝上龙血树的叶片，也梳理着我们的头发，让我们身上的细胞经历一场绿色的洗涤。此时此刻，我们都有点醉了。

这也许就是传说中的醉氧。

❶ 岁月的故事

❷ 曦　光

# 作为解药的贺雅

作为解药的贺雅，最多的是绿色，其次是故事，走不了几步就会邂逅一个故事。贺雅的故事是一条长长的线，把贺雅的山、水和人连成一串佛珠。贺雅不大，像那鲜为人知又不知通向何处的溶洞，在岁月的流淌中，静守自己的美好。

上苍赐予贺雅人一种解毒效果奇特的草药，傣语名为“雅迪虎雅”，简称“贺雅”，汉语意为解药。村民的先祖们为了感谢上苍的恩赐，以药名做村名，就有了今天的贺雅村。

贺雅人不管吃错什么食物，或误食什么毒药，只要把“贺雅”熬成药水，或喝上几口，或用药水熏蒸，就能排出全身的毒素，迅速康复。无病无痛，一年做一两次熏蒸，也有很好的排毒养颜效果。到今天，“贺雅”熏蒸成了贺雅人必备的生活习惯。

让人不得不奇怪的是，这种药出了贺雅寨就不能生长。邻近的人们知道后，都来讨要，特别是妇女生完孩子后都要找点去洗浴，体质恢复就更快。慢慢地，泰国、缅甸的人们也知道了，这种药的需求量大增，土司便特许贺雅寨人经营这种药。贺雅人除了驯养好大象外，还以采集、加工、出售“贺雅”作为副业来补贴家用，生活也因此而变得宽裕起来。时光渐行渐远，经济匮乏、交通闭塞的年代，“贺雅”远销泰国、缅甸等国，就是其药效最好的证明。

贺雅，孟连县城边上的一个小寨子，最早只有 6 户人家。岁月流淌到现在，不知谁能够解开“贺雅”这个命名的逻辑悖论：是“贺雅”这个寨子有一种神奇的草药，所以人们称这种草药为“贺雅”？还是，这个寨子出一种叫“贺雅”的神奇草药，所以这个寨子叫“贺雅”？在中国，这种互为因果的地名解释很多，绕在这里出不去就不值了。我们姑且相信，在“贺雅”，一定是先有“贺雅”这种神奇的草药，后来才有“贺雅”这个人间天堂一样的寨子。

不知不觉，时光流转到孟连的土司年代，离土司府只有 5 公里的贺雅村，因为河水清澈、草木旺盛、环境幽雅而被土司封为象寨，专为土司驯养大象。除了耕种之外，贺雅人从此又多了一项工作，喂养傣王的坐骑。直到今天，村里村外仍有许多大象的足迹，都是当时象来象往踩下的。村前有个小坡叫滚象坡，是土司的最后一头大象从这里滚下摔死而得名，这名字就从民国元年（1912 年）沿用到今天。

知道了这些传说与史实莫辨的美丽故事，你不想去寨子看看吗？我想！

现在去贺雅寨，吊索桥前一段路可以不走公路了。

新修的金山栈道，和南垒河一起蜿蜒曲折，走栈道又多了一串风景。

夹着栈道的竹林把阳光的灼热分隔在一米开外，却倍增了阳光的灿烂明媚。凉爽的河风吹拂竹叶的清香，脚踩在栈道的木板上，就像手指弹拨钢琴的低音键：咚咚咚……

以前去贺雅，得在金山和银山之间的公路上，逆南垒河而上约1000米，再从那座摇摇晃晃的吊索桥横跨南垒河。穿越一片密林后，前面豁然开朗，天地一下子开阔了许多。一清一浊两条色彩分明的河水，从各自的故乡出发，奔到这里，身心交融，再穿越孟连的县城娜允，向南奔向共同的远方。

循清澈的水边择路而行，向西逆行几步路，就有阵阵稻香扑鼻而来。目光自然地随香搜索，山与山的拥吻处、丘与丘的碰撞处……都会有一匹匹黄绿色的锦缎，飘逸地延展在慵懒的阳光下——或者三五亩，或者八九亩……一个个袖珍的梦幻，那是贺雅人随意雕刻在山山水水之间的良田。

秋风和冬雨，来到贺雅就没有了任何杀伤力，反而是一种浑厚的滋润。

秋已离去，冬已来临。贺雅的树木还是没有任何的萧瑟之意，贺雅的花草也没有任何的零落之相。林间的知了还在唱着丰收的歌，淡淡的稻香赋予歌声更悠扬的韵味。

河水与田坝之间的草地上，一头老水牛慢悠悠地咀嚼着青草，有一下没一下地甩着尾巴，乌黑的背衬托出时光的厚度，隔着田埂的稻香对它好像没有什么诱惑。是南方山水的柔和，还是傣家人千年的温婉？连生长在这里的水牛，都如此的安静祥和。

走在田埂上，蜻蜓依然成群结队，或上下翻飞在稻穗之间，或舔食稻穗上的香气。好像不知道稻苗矮了、稻穗短了、稻子轻了。也不去研究稻苗根上庞大的稻茬，除了欢快，还是欢快。这是贺雅的第二茬稻谷了，在淡黄的暖阳下，略低着头，略飘着香。

满眼的绿、曲致的河、金黄的稻田、婉转的路、路上的人儿、蓝天白云之间的飞鸟！且行且感慨，地势越来越宽阔，沿河的坝子里一片片香蕉恣意生长，灰绿发白的叶子大得可以做姑娘的遮阳伞。

峰回又路转，隐约见竹林簇簇，还有声声的鸡鸣。

放轻放慢了脚步，寻声穿越绿帐，已是村口。庄严古朴的贺雅佛寺，信守在小山村的下面。年代久远，不知到底有多久远。看看院里菩提树的巨大和房顶深黑的瓦片的沧桑，就知道它陪伴贺雅人的时光很久远了。傣家人在找到好山好水安身立命之前，都要先立起自己的信仰，先建起佛寺。傣家人全部信仰南传上座部佛教，以自我解脱为宗旨，主要戒律有不杀生、不说谎、不偷盗、不抢劫等。精神之仓廪实而知礼节：生活里有再多的艰难困苦，都会自生足够的慰抚和希望；邻舍往来和人情世故，就有了可循的礼节。

站在佛寺旁仰望后山，只见层层叠叠的黑屋顶安放在缓缓的小山坡上。

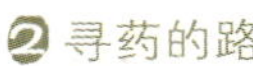

❶ 森林傣寨

❷ 寻药的路

外面很多傣族村寨早已换成了各色彩瓦，这里依然是黑色挂瓦的古老和沧桑，依然是青砖干栏小楼的低矮。黝黑的屋顶参差起伏，每家的屋顶都完好地保留着四角高高翘起的飞檐，在高高低低、犬牙交错之间，尽显村寨丰富的层次美。傣族民居的鲜明特征，在这里被贺雅人完好地保存着。贺雅文化的完整和丰富，已经穿越了所有的过去，还将穿越到久远的未来！

随便上一栋吊脚楼，都有一个宽敞明亮的晒台，都放着一张朴实厚重的大木板桌子。刚好遇上主人有闲暇的话，就可以坐在木桌旁，等候主人泡上一壶浓茶，一

傣寨的心脏

边品味普洱茶的甘醇，一边品味主人温婉的傣味话语，一边品味主人招呼楼下路过乡邻的悠扬。

在小小的南雅河头，在小小的贺雅山脚，在小小的贺雅寨头，谁先找到了“孔子登东山而小鲁，登泰山而小天下”的最袖珍的版本？

寨子里已经修了可以两车同行的水泥路，走在路上往上看，自己还是像困在迷宫里一样。终于走到寨头，回望来路，既像遗留在两座山之间的一根线，又像绕着吊脚楼的一根飘带。四面青山环抱下的贺雅寨子，就像被装在一个被什么神仙染绿的葫芦瓢里。那条进村的路，像一根细细的藤子，连接着寨子和外面的世界，只是不知藤子的根在哪头。突然响起一两声鸡鸣，顺着道路飘向远方，是在给外面的世界打电话，还是在回外面世界的电话？

在这样深秋暖洋洋的午后，在这样宁静的时光中，在贺雅，眼前的一切开始恍惚。随意岔进寨子的任何一段小路，不说话，不惊扰任何村民。

村民们都在自家的院落里，或闲暇：坐在大木板桌子旁，看着黄灿灿的玉米棒子被太阳慢慢晒干，满脸的富足；或劳作：漫不经心地翻晒白花花的带壳花生，慢慢悠悠地砍着柴……走过他们身边，他们会抬起头，给我一个微笑。对于陌生的我，引不起他们一丝一毫的防备，好像只是寨子里哪家的孩子从城里回家。

再碰巧遇上哪家的饭桌，老波淘比唱歌还好听地说：绿哩都是菜，动哩都是肉。

田间地头、房前屋后，随手抓一把，就可以做出绝好的绿色蔬菜。河边的虫虫、河里的鱼虾，就可以做出让人垂涎三尺的美味佳肴。吃了饭，再喝雨露滋润出的普洱茶，傣家人就会唱出动人的歌曲，招来白天和明月；跳出最美妙的孔雀舞，连孔雀都惭愧地躲藏到了树林深处！

每家院子都四季花开。竹笆墙上，挂着小巧玲珑的葫芦、丝瓜……每家院落的一角，都会堆着一堆牛粪，牛粪旁边几棵芒果树，芒果树上一株株鼓槌石斛、一簇簇的石斛花，这种世人眼中的名贵药材，在贺雅还是花草。

贺雅人把自己寨子拾掇得美丽非凡，对周边环境的保护也让人感动。这也是佛教意识和佛教礼仪渗透到傣家人社会生活各方面、宗教活动与民族习俗相融合的重要表现之一。

随着南雅河的水流声，穿过稻田，钻进树林，几经攀缘，几经找寻，在极其隐秘之处，终于看到了传说中的土司避难地。一个神奇的溶洞，里面是形态各异、千奇百怪的钟乳石和至今都不知道通向何方的路径。置身此前，久浸市井的庸凡之心，被大自然的鬼斧神工震撼得语无伦次，唯有沉默和对视，唯有屏住呼吸。

出洞后的遗憾，是翻遍自己的语言，却没有一句可以描述刚刚见过的美丽！是啊，在没被损坏的大自然面前，人类的语言总是那样的愚钝无力。

天晚了，该回家了。

一个老咪淘拉着我的手，说：“现在来么，玩得哩也不有，泼水来嘛，好玩哩多多！”

看着老咪淘隔世纯粹的眼，心里的“要来，一定来”怎么也说不出口。自己脑子里的画面，自己也认不出哪是回忆哪是向往？每年的泼水节都是水啊泼啊，一个水灵灵的世界。家家的石斛花争相绽放，黄艳艳地晃动着芬芳，蜂狂蝶舞，煞是热闹。妇女们不论老幼，都会摘一把浓艳插在乌黑的发鬓上，增添节日的芬芳。用寨子里的竹子，就做出如大炮一样的“高升”，射向高空，响彻云霄；用传统的火药，做出干净的礼花，在干净的夜空美丽地绽放。

把思绪从回忆里扯出来时，太阳已经落山，该回家了。最后问问贺雅村的贺雅草，一直是谁的解药？再最后请求贺雅草的贺雅寨子，今夜就做我人生的最后一服解药。

# 水乡勐马

中缅边境界河南卡江两岸，群山巍峨，山势雄伟俊秀，崇山峻岭之间，突然出现一块宽阔平坦的河谷平坝，勐马小镇就坐落在平坝上。勐马，一个依偎在国境线上的小镇，优雅、宁静、祥和，田园风光锦绣，民族风情浓郁，民族文化深厚。勐马，距中缅勐阿通道仅 20 多公里，是通往缅甸特区班康市的必经之地，处于中国“一中一带”战略的前沿。

老乡说，勐马是傣语音译，意为从别处迁回来居住的地方。

而勐马的马，却让我想起另外一个俗语“好马不吃回头草”之“回头”的错误，“好马好草好回头”才是正解。在秦汉时期勐马就有人生活，不知是在什么年代，瘴气横行，人烟灭绝。很久以后，才有人回到这里生活。勐马的名字和无法编年的历史（传说）之间，只剩下唯一的路，就是相互印证。

整个勐马坝子，都被成片的香蕉园覆盖着。蕉叶宽大肥硕，微风过处，懒懒地摇曳。近看既像拍手欢迎，又像挥手告别。欢迎和告别，都是如水的温柔和多情。远看，像涌向泼水节的人流，欢乐、愉快、温润；又像哪一部文艺大片里的海浪，波光粼粼，致远的冲动难以平息。

蕉园的边缘是山，是小镇绿色的围墙，是绿海的绿岸。缓缓的围墙上、岸上，是蕉园、茶园、果园。

蕉园的历史最短，从坝子里开始延伸。

茶园的历史最长，人工的茶园和天工的原始森林早已融为一体。参天的阔叶木，在空中招展着绿旗，为茶园过滤了烈日的烈和暴雨的暴，保证了普洱茶的优雅和悠远。茶园又为参天的阔叶木编织出稳固的江山，相互需要，相互支撑。远看是绿，山上巨木葱葱，有山无茶。近看也是绿，绿天绿地，茶园上空两重天，被树叶筛选过的阳光雨露，上演着如梦似幻的缠绵。置身此间，但愿同入梦，但愿不复醒。说不出多么美，说不出多么适宜。什么天衣无缝，什么人间天堂，类似这样蹩脚的词语，就别来乱场子了！

果园里有各种品系的泡果、橘子、菠萝、波罗蜜。无论哪一

种，都足以使你口水长流。

缓缓的围墙上、岸上，无数的泉眼。涌泉为溪，四季潺潺。而箐而涧，而沟而壑，全部汇入南马河，南马河再汇入南卡江。山上许多飞泉、叠水、瀑布，每一处都风情万种，每一处都流连忘返。其中小镇东南方向2000米处的勐马瀑布，更是让人唯愿长做勐马人。步行游勐马瀑布，是一项很有成效的有氧运动；步行游勐马瀑布，要经过勐马小寨。

从勐马瀑布下来的勐马河水，来勐马小寨上边时，被傣家人几个大卵石挡起来，分成了几条支流，顺着沟渠绕过寨子里所有人家的门前。河水到寨子中央，几块石头自然堆砌成一个近两米高的叠坎，妇女们在那里支上几个竹槽，就成了有趣的露天沐场。

❶ 勐马镇全景
❷ 移民新村

如今，傣家人的生活早已发生了巨大的变化，寨子里家家户户盖起了傣族风格的小洋楼。进村寨的道路也铺起了水泥地面，原来的沟渠，华丽转向为水泥路的天沟（排水沟）。走在进出寨子的路上，天沟里的流水演奏着舒缓的轻音乐，在整洁的水泥地，双脚随意为水的音乐敲打着节拍。一不小心，就误以为自己是去赴王母娘娘的蟠桃宴。

如今，民居全部改建成统一设计的二层傣式小楼，竹篱也变成了砖墙。透过半掩半闭的院门，看到院子种着各种亚热带特有的果树，有泡果、芒果……有的高出了围墙，墙头时不时挂着几个或生或熟的果子。兼顾了传统庭院的浪漫和新式建筑的坚固，同时也是一项庭院经济。

寨子里最欢快的日子是泼水节，姑娘、小伙们拎着五颜六色的塑料小盆小桶，狂欢在院门前。喜欢谁？祝福谁？献一束水花。也喜欢谁？也祝福谁？还一束水花。空中开满水花，人在水花间嬉戏追逐，满心的水，满世界的凉爽，满世界的淋漓尽致。

古语云：仁者乐山，智者乐水。看看寨子后面的原始森林，看看村寨子周围健硕的树林，看看寨子里各种果树各色花草。就知道傣家人怎样地乐山，勐马寨子的傣家人怎样地乐勐马瀑布淌下来的水，勐马的傣家人怎样地仁智兼具。保护水源，爱护水，是傣家人的生活习惯，是傣家人的生命信仰！

勐马河在原始森林里蛇行上山，水泥路逆勐马河蜿蜒而上。边走在通往瀑布的路上，边往高处深处细细品读纯粹的热带雨林风光。在勐马河的歌声陪伴下，慢慢走，海拔慢慢升高，慢慢进入密林更密更深处。原始森林的葱郁层层复层层，热带酷热的阳光或被遮挡，或被分解，或被消化。偶有几点阳光落在地上，已与酷热无关，似某某少年每每离谱的淘金梦，金光如星星闪烁，金光的魅惑因为稀少且捉摸不到而更加魅惑。好像是人生某个迷人的黄昏，不期而遇，不愿离开。走着，走着，金光更加稀少，眼前的小时空更加暗淡下来，应该是接近热带雨林的心脏了！听得见树上的鸟鸣，但鸟也不愿破坏此时的平衡，轻吟轻唱，歌声和飞翔时翅膀划过空

气的声音或不小心碰到叶尖的声音差不多大。那种被大自然信赖的愉快油然而生，或走或停或站或坐，俨然是胎儿在母亲的子宫里游走。昏暗中，路边古树身上，你可曾邂逅？寄生植物低垂的深绿色顶端，缀着一颗巨大的水珠。眨一下眼，便闪射出一束摄人魂魄的幽光。人生如梦，梦的完美结局可能在此！

走着走着，幽幽的雷鸣从远处传来，接着是不太刺眼的闪电。原来是瀑布近了，森林为了让瀑布充分展现个性，让出足够的空间。天亮了，水泥路的尽头到了。眼前的深涧，磐石块块，古木森森，水雾朦胧的天空，鸟语虫鸣。再往前的几百米，是人工在岩石上开凿的石径和石阶，苍苔翠绿，落叶水灵，景色很美，攀缘得小心！

害羞的小卜少

这段石径几乎是沿着涧底开凿的，路沿捧着清泉，清泉吻着路沿，里面潺潺绵绵，时而飞花碎玉。走在石径上，湿鞋是必需的。衣服也潮潮的，发梢上、眉尖上会有冰凉的珠玉落下。但是甜的，不咸，因为这段攀缘不会出汗。在某个台阶上稍做停留，做几节学校里学来的吸氧运动，不知你会不会醉氧，喜好老庄的我，还误以为自己得道成仙了呢。

沿石径攀缘十几分钟，雷鸣声有些震耳了。石径突然转了个弯，眼前豁然开朗：一道几十米宽的断崖中间，飞流直下几十米，瀑布空有雷霆万钧之磅礴气势，急转直下形成的巨大气流一阵一阵扑向远处的我们，女同胞的长头发高高飘扬，无奈瀑布下的磐石固若金汤、纹丝不动！深潭边水花四溅，天空中水雾蒙蒙，一道彩虹时隐时现，似乎在掩饰着瀑布滥夸海口的尴尬。砸在磐石上的瀑布，飞花碎玉后，少量化为气雾，多数变为柔顺的潭水，在深潭里

❶ 泉过院角
❷ 无边的希望
❸ 勐马河边草

1 心和瀑布一起飞
2 勐马镇
3 守望飞瀑

旋转几圈后，从几块巨石中间哗哗地漏出来，顺着深涧一路欢歌，流动在游人们回家的路上。有时跳下不高的石坎，有时飞过几个石缝，有时绕过一块磐石，有时路过一座枯木搭下的桥，有时深吻一段平坦的路……千回百转出深山，一路的流走演绎出一曲曲美妙多变的乐章！

站在断崖之下，看飞流直下的磅礴气势，看崖底磐石的固若金汤，听激流与磐石碰撞的轰鸣——或精神为之一振，热情复生，激昂万端；或感叹于飞流的执着；或感叹于磐石的坚固；或感叹于碰撞的激烈；或感叹于来路和去向的洒脱。我不知道自己能体悟人生的多少勇敢与隐忍、多少挂牵与洒脱、多少坚守与放手。

一路风光无限，一路感慨良多。差点忘了记下同行朋友对勐马瀑布的介绍。瀑布水发源于十多公里外的腊福大黑山自然保护区腹地，腊福大黑山是普洱市边境线上面积最大、原始丛林生态原貌保存最完好、物种最繁多的原始森林，是当地独一无二的水源资宝库，更是一座巨大的生物基因库和自然博物馆。腊福大黑山横卧中缅边境，是孟连县的海拔最高点。

回家好久后我还在想着，勐马的草绝对是好草，傣家人逃难好几代人后，都还不忘记要搬回来！

1

2

3

# 寻宝大黑山

一切丰功伟业和滔天大罪，抛进人类历史的长河，也抵不过恒河的一粒细沙。大黑山的宝藏，埋到今天，也失去了曾经的价值。我们寻的宝，肯定不是英军撤离时藏匿下的白银和汽油。

而是全身心融入原始森林怀抱中的舒畅！

而是在原始森林怀抱中重拾的敬畏之心！

而是岁月流逝之后文字彰显的无穷力量！

关于大黑山，种种神乎其神却相互矛盾的藏宝传说，总是让那些白日做梦想发财的人神魂颠倒。20 世纪 90 年代末发生的一件事情，终于确定了藏宝的真实性，也排除了其他有意无意捏造的传说。有一天，一个 40 多岁的英国人来到勐马镇政府，自称是当年大黑山基地司令的第四个儿子，受父亲的临终嘱托，来寻找当年父亲埋藏在大黑山的铸币机，要运回英国作为纪念品收藏。他带来了当时的大黑山基地地图，就是传说中的神秘藏宝图之一。他还说，他父亲撤离前，把白银装进汽油桶，和没用完的五六吨汽油、铸币机一起埋在基地附近的山里。一位在基地当过兵的老人说过的话，和基地司令的儿子说的话可以相互印证了："英国人要走之前，对面的山上一到夜里就有响动，离开时，只是各自背走一个背包和一只水壶。"

镇政府和外办的工作人员与英国人按地图找到了当时的营地，

而宝藏的具体位置，还要找到另一张地图。另一张地图就埋在司令卧室往东约50米处的一棵大树下，树上扎着一根钢绳。60年前，就被一个进山打兔子的老汉扯回家，绑了瓜架的树杈，不知何时被锈蚀尽。那老汉，已在40年前去世。当年飘落在基地废墟上的树籽，现在已经长成参天古木。英国人漂洋过海而来，在原始森林里感受了一把原始的迷茫和自己的渺小后，悻悻地离开大黑山。

看红装素裹，须晴日。一群文友戏以寻宝之名，钻进大黑山。遮天蔽日的原始森林中，空气中仿佛滚动着冰清玉洁的水滴，植物和泥土的芬芳水乳交融，每一口呼吸都让人沉醉。仰望参天古树，帽子掉了，目光还是没有和树顶相遇；俯视地上的幽兰和百草，千娇和百媚之间无缝无隙，不忍落脚，不忍硬生生地走出一条路。处处是藤与树的交欢，看着树的苍劲和藤的粗野，说藤缠树不够准确，说树缠藤更不恰当。藤和树偶有缝隙，就有溪流挑逗藤蔓的小调隐约传来。再往前走，一下子，好像从盛夏的正午走进深秋的薄暮。原始森林里的一切，都在准备着自己度过长夜的梦。在不是自己的梦里穿行的我们，不忍心做出任何有所搅扰的举动，禁不住贪婪就不停深吸林中含大量负氧离子的空气。

大黑山原始森林的美，不是我们这些笔力十分浅薄、文心不够纯粹的小文人所能阐述的，只能不断地赞叹上帝的奇思妙想，不断地感慨人类的卑微和渺小。其中的我，还是先记下刚才的道听途说，大黑山里的“阿里巴巴和四十大盗”。

❶寻宝队伍
❷森林的客人

二战时期，缅甸是英国的殖民地，英国又成了中国的盟友，得以在中缅边境的大黑山建立军事基地。基地兼有双重责任：一是管理缅甸殖民地，二是作为抗击日军进犯中国的重要后方战略基地。抗日战争爆发，大黑山基地的英军一边配合美军“飞虎队”和中国军队共同对日作战；一边行使着缅甸殖民者的特权，向缅甸百姓收缴以白银为主的税赋，铸造银圆，待日后发行。

因为大黑山的险峻，基地驻军所需的物资，都是靠小飞机从英国本土运来。小飞机抵达基地上空，基地就在宽敞的地方燃起柴火，作为空投目标。

抗日战争末期，日本轰炸机常在大黑山附近的村寨狂轰滥炸，弄得老百姓惶惶不可终日。飞机坠毁那年的三四月份，基地附近的老百姓和往年一样繁忙地准备春耕，山上到处是刀耕火种的烟火。那天晚上，装满了各种物资的小飞机历尽千辛万苦飞到基地上空，地面却到处火光，找不到空投目标。飞机一圈一圈地盘旋，一米一米地降低飞行高度，寻找空投目标。驻守基地的英军藏在深山的基地里，监测不到基地周围的火堆。基地司令看见飞机飞行反常，却推测不出是什么原因，继续加大火堆试试。飞机还是找不到空投目标，只能继续一圈一圈地盘旋，一米一米地降低飞行高度。飞机飞得越来越低，基地误以为是敌机寻找轰炸目标。司令犹豫再三后命令：机枪扫射！正在努力靠近地面的飞机，没想到自己正在寻找的人们竟然向自己开火，来不及逃离就被打中油箱，所剩无几的汽油开始燃烧……当爆炸的尘烟散尽，愤怒的司令才发现他们

1

2

击落的正是基地的补给飞机，可是，一切都晚了，一切都将过去了。

今天一群寻宝的文友，颇有些“一壶浊酒喜相逢，古今多少事，都付笑谈中”的况味。一切丰功伟业和滔天大罪，放进人类历史的长河，也不抵恒河的一粒沙。所谓的历史，是自作聪明者的《资治通鉴》，也是闲人们酒足饭饱茶余之时的无聊谈资。英军飞机坠毁大黑山，也是我们今天寻宝之余的谈资吧？

时间不早了，寻宝大黑山的文友们可以满载而归了。我们今天寻的宝，肯定不是英军藏匿的白银和汽油——

而是全身心融入原始森林怀抱中的舒畅！

而是在原始森林怀抱中产生了或明晰起来的敬畏之心！

而是岁月化尽尘烟后文字彰显的无穷力量！

❶ 春天的原色

❷ 黄草可知藏宝图

# 世界第一大榕树

孟连有一个佤族山寨叫大曼糯，大曼糯有一棵名叫月亮的大榕树，背负着无数美丽的传说生长成一片森林，长成世界第一。

这个美丽的夜晚，和其他普通的夜晚没有什么不同。大家手牵着手，围着篝火边唱边跳。有一种从未有过的醉意，在月亮树下飘荡；有一种从未有过的心动，和明月一起栖居在大榕树的某个树丫。终于忘了自己是谁，忘了自己为何而来，和他们一起纵情高歌，尽情狂舞，漫长的纠结悄然释怀。

孟连县富岩镇的大曼糯村，有一个关于月亮树的传说。

八百年前，生活在大曼糯村的佤族兄弟们以狩猎为生。一天，部落里的苏氏兄弟俩到南卡江那边去打猎，打到一只小鹿。分肉时，自私的哥哥只分给弟弟鹿头，自己却霸占了整个鹿身。憨厚的弟弟心里生气，嘴上也不说什么，脸上更不表现也来。倒霉的事还在后头，弟弟背着鹿头过江时，一不小心，鹿头就掉进江里。刚伸手去抓，鹿头却化作一道银白色的亮光，飞上天空，又慢慢落到自家的黄果树地里。兄弟俩直奔黄果树地，可是什么也不见。老人们都说，树下一定有银子。兄弟俩找了好久，还是怎么找也找不到。几个月后，一棵黄果树上长出了一株小榕树，每到晚上就发出银白色的光。那时，佤族同胞们才进化到母系氏族社会，十分崇敬母亲。老人们说，那道银白色的光一定是上天给人们的一个吉祥的启示，这棵榕树作为吉祥的化身，一定会给人们吉祥和护佑，就像母亲之于婴儿。佤语里母亲和月亮同音，这棵榕树被命名为月亮树，并规定，无论什么人，无论什么时候，都不能伤害月亮树。这棵榕树就得以自由地成长，长成今天郁郁葱葱的独木成林，也见证了佤族同胞们世世代代的生命轮回和悲欢离合。

今天去大曼糯，目的就是再次寻找月亮树的传说。

我们的车顺着盘山公路盘旋，才到半山腰就看见佤山上有一片森林高出旁边的森林许多，那就是世界第一树的月亮树——独木成林的古榕树群落。大曼糯的月亮树，一棵树，从一点微小的幼芽，长成一大片神秘的森林，重重地否定了一次“独木不成林”的古语。

到村口看月亮树，几根擎天巨柱顶着一个面积近七亩的深绿色的冠盖。冠盖下，巨柱间，乌带飘飘，不知是哪位神仙巡察人间？冠盖下，见不到神仙的真容，只见几个人在树下走动，像头顶米粒奔忙在路上的蚂蚁。

富岩云海

到月亮树下，两根巨柱，十几个人牵手才能合围，还有十几根大大小小的柱子立着。抬头望，枝干无比繁茂、蜿蜒盘虬，叶影重重叠叠、叶色苍翠欲滴，冠盖如云。微风吹过，优美的旋律悠悠响起："吵吵吵，吵啦啦……"无论多么强烈的阳光，都会被树叶严严实实地遮蔽，偶有几个亮点落地，也像一群可爱的小精灵，忽隐忽现。下雨天树下也干燥，暑天可避暑，雨天可避雨。

如云的冠盖下，枝干上往下吊着密密麻麻的气根，有的像椽，有的象缆绳，有的像发须，有的垂直落下，有的交错纷飞。徜徉树下，就像穿越动画片中的原始丛林。月亮树是植物世界极为罕见的独特景观，也是大曼糯一道亮丽的风景。许多外地朋友慕名而来，就只为目睹月亮树的风姿。

今天还发现一个"秘密"，两丛根须不知被谁编织成吊床。爬上去仰面而睡，看着几个偶然从树顶跃下的小精灵，从脸上跳到怀里，享受着微风轻轻的吹抚，倾听着树叶和树叶演奏出的轻音乐，一下子误认为自己也是哪路神仙了。

月亮树周围，居住着英西、英克、英密三个佤族自然村寨，被划为5个村民小组，共86户332人。

每天早晚，微风和炊烟便捧着美食的香气，来祭献阿佤人民的神树。炊烟过后，是阿佤人民的饭点了。美景固然可以愉悦心灵，塑造人品，终究不能补充体能。这时你也一定饥肠辘辘了，在微风送来的美食香气里，你说不定正在大口大口地吞着口水！别犹豫了，随便路过哪家门前，都会有人热情地邀你入席：土坛里陈年的水酒，篾桌上色香味俱全的鸡肉稀饭……

在这里吃饭，是少不了喝酒的。阿佤人家喝水酒，是有一套礼节的。不过别担心，第一次，长者会手把手地教你。进入院子，主人就会把你引进客厅。先让坐，再给你斟上一杯满满的水酒，表示热烈欢迎。接过酒后不能先喝，要先听主人说些祝福之类的话。说到“啊”时，就快到喝酒的时候了（佤语“啊”就是喝的意思）。你先把水酒分别倒一点在双手的掌心里，慢慢地举起手，让水酒顺着你的手臂直下。酒

月亮树下的佤寨

往里流，表示你和主人很有缘或很友好，以后还会继续往来；往外流了，说明以后交往的机会很少甚至没有。之后就正式喝酒了，第一杯酒你要自己喝完，表示对主人的尊重。一般主人要敬你三杯酒，第二、三杯你确实喝不下了，可以回敬给主人。你喝一口后倒一点酒在右手掌心上，让酒顺手臂直下，再说：你帮我“啊”一点。他会很乐意接受你的回敬，帮你喝一部分酒。主人敬完后，桌边的亲戚朋友都会向你敬酒。边敬酒，边唱敬酒歌。到这时，你就知道了真正的盛情难却是什么样的。酒喝得差不多了，可以吃饭了，香喷喷的佤式鸡肉稀饭端上来了。主人总会挑好吃的先盛一碗给你。

酒足饭饱后，竹楼下早已燃起了熊熊篝火，热情豪放、能歌善舞的佤族人免不了要拉你去唱歌跳舞。大家手牵手，围着篝火边唱边跳，此时此刻，你会忘了自己是谁，为何而来，和他们一起纵情高歌，尽情狂舞。长时间放不下的心事，到此已悄然释怀。

没有合不合口，没有烂醉如泥。一种从未有过的醉意，飘荡在月亮树下；一种从未有过的心动，和明月一起栖居在大榕树的某个树丫。

月亮树的传说，在路过月亮树下的人心里开始传说。

1 成长的游戏

2 佤族民居

3 舞　蹈

4 佤山汉子

# 深山佤寨——芒冒

芒冒樱花谷，一个魅惑的名字。去芒冒的路上，风光无限歌无限，风光的美是阿佤新歌的烘托，阿佤新歌的悠扬映衬了佤山风光的清新雅致。芒冒樱花谷，像一个养在深闺人未识的少女，由内而外和由外而内都有太多的神秘感……

去芒冒的路，在无边的茶园里盘曲而上。走在路上，感觉是《西游记》里的孙悟空在铁扇公主的肠子里腾云驾雾。不同的是悟空是在妖魔的肚子里降妖除魔，而路上的我是悠闲地观赏茶园风景。

一行行环山水平茶树，就像一台台登天的台阶，台阶上云雾缭绕。只是猜不透，是在迎仙女下凡，还是送仙女回宫。细看满山散落着采茶人。看服饰，有佤族、拉祜族、哈尼族等。突然发现，两棵开满红花的小树之间，一行茶树像一条仙女的飘带，两个正在采茶的少女，就像在仙女的飘带上绣花。看服饰，一个是佤族少女，一个是拉祜族少女，就像是仙女在云雾里舞蹈和飞翔。脸上是天使的笑靥，是薄雾中捉摸不定的美；口里飘出婉转悠扬的歌声，被微风摇曳得更婉转悠扬。行走在行走的沉醉中，突然被一声犬吠、几声鸡鸣惊醒。峰回路转，一块奇异的巨石耸立在

❶ 林中石径

❷ 绚烂地绽放

眼前，石上镂刻着六个大字“樱花避暑山庄”，沉稳之中弥漫着无限的灵动。

定一定眼睛，“樱花避暑山庄”后面闪出一幢二层楼的农家别墅。继续往前走，一家家古朴、别具特色的佤族民居呈现在眼前。村子后一片高峭的岩壁，岩壁上一个缺口，缺口上淌下一泓玉带般的清流。流水带着明澈的芬芳，环绕着山庄流半圈，就径直进了寨子西边的深谷。密林环抱着山庄，轻风吹拂着农舍，大树的幽香、青草的腥味、百花的淡香在山庄里徜徉。走在寨心的路上，一路是热情好客的阿佤人，一路是热切的招呼。向一位老人问去樱花谷的路，老人说，流水就是去樱花谷的向导。沿水边的水泥路走，就顺水流的方向走，走到寨子脚，流水在此汪了一湾妩媚的池潭。潭边几棵樱花树，重重叠叠地绽放着粉红和雪白，应该是离樱花谷不远了。坐在潭边亭台上小憩，香风习习，娴雅无边。如果潭里的鱼可以垂钓，如果姜太公在此，是和谐盛世里很不错的小格调。刚好没别的人，仰卧于亭台的水泥凳子上，闭上眼睛，脑海里倒映出蓝天、白云、原始森林、樱花和年少的梦。耳孔里，虫声的啁啾和深谷里鸟鸣远道婉转而来……梦醒时，应是千百年之后的某个清晨了。

养好精，蓄好锐，带着愉悦的心情，可以随着流水深入樱花谷了。水从潭里溢出，往潭下的原始森林里流，台阶也随着流水修下去。顺石阶而下，往原始森林里走。迎面而来的，不知是挟带水珠的雾气，还是流水亲吻岩石的迷津？阴阴的凉，淡淡的甜，夏的炎热在此销声匿迹。

石阶两边布满荆棘，荆棘上开着各色的小花。花养眼，而荆篱是不是要阻隔意料之外不规矩的脚手？

看着荆篱后原始的森林空间如此的人迹罕至，森林的原始保存得如此完好，完好得令人赞叹。这应该是得益于佤族人的宗教信仰——鬼神崇拜：山川、河流和生物以及一切不能解释的自然现象都有“灵魂”或“鬼神”。“鬼神”是汉译之意，佤族对“鬼”“神”及“祖先”并不区分，是同一概念。他们认为，“鬼神”主宰世界的一切，决定着人们的安危祸福，就加以崇拜。当然更不能随便破坏了。所以，森林离人这么近，或者说，人就生活在森林里，森林里还是没有所谓靠山吃山的毁坏之路。也正因为如此，高高的山峰，密密的丛林，才给阿佤人民滋生了多少春雨、多少秋露、多少阴凉？庄里的长者说，先祖们知道，喝的水从山里流出，吸的气从树上散出，才有佤族人世世代代的健康繁衍，森林是人类繁衍和生存的保证与保障，就下了魔咒：到森林里砍树的人，都不得好死！这其实是佤族宗教信仰的最初的描述。保护森林里一草一木这不可逾越的族规，慢慢形成了世世代代佤族人的生活习惯。芒冒村的原始森林才得以永久地保存，当然，也包括森林里很多珍贵的药材和国家级的保护动植物。

阳光挤进原始森林茂密的枝叶，星星点点地洒落在石阶上的地衣之间，就像一把金豆滚进草丛，金光四射，交相辉映。走出森林，站在山腰的路径上，举目四望：浓浓淡淡、起起伏伏的绿，做了逶迤的群山的外衣。山风习习，大树点头摇头，似乎给谁什么示意或保证。小草拍着热烈的手掌，不会是表示什么赞同吧？小花们笑弯了腰，是觉得什么好笑吗？

樱花红陌上，
杨柳绿池边。
燕子声声里，
相思又一年。

上面的五绝，是周恩来总理写的一首樱花诗。日理万机的人民

总理，相思的当然绝不会是哪个绝色的红颜知己，一定是人民幸福生活的蓝图，一定是这樱花的颜色，一定是这“樱花避暑山庄”的颜色。说完樱花之外的景致和到樱花谷的路，眼前就是樱花谷了。

我思慕已久的樱花，终于绽放在眼前。小巧玲珑的花，三朵五朵地聚集在一起，一簇簇、一团团。绽放得灿烂，幽香得淡雅，引来了蜜蜂的忙碌，引来蝴蝶的嬉戏。蜂采蜜，蝶恋花，幽香阵阵，整个人一下子热血沸腾，心潮澎湃，想想怎样珍惜短暂的生命，怎样享受灿烂的时光，放眼山野，一树一树的樱花竞相绽放，红的似火烧云，粉的似朝霞与晚霞，白的似白云。走到樱花湖边，湖面上倒映着山坡上的樱花，再加上蓝天白云，弄不清哪是天上的，哪是地上的。花

采摘

一样的云间，云一样的花间，不时有鸟儿飞越。如此的“水中月，镜中花”，叹为观止不足以形容此时的感受，彩云之南的精魂，此刻大概是凝聚于此了。一阵微风吹皱了湖面，彩云的美升华到最高潮，然后涣散，然后重来。站累了，偎依在樱花树上看樱花，感觉微风又多了一些。额上的发尖也轻轻扬起，娇美的花瓣像毛毛细雨，纷纷扬扬地洒落满地，像北方落雪，又像天女散花。再看看零落一地的绝美，将是一地幽幽的春泥，又将为明年的美聚集能量。

此时，突然想把崔护的《题都城南庄》篡改为《题樱花避暑山庄》：

湖水樱花两相映，
明年今日此谷中。
湖面多了几种鸟，
樱花肆意笑春风。

# 绿宝石与珍珠泉

自有了这颗绿宝石，孟连的山水变得更加郁郁葱葱，不但风调雨顺，无病无灾，而且种出的粮食多得吃不完，开采出来的银矿堆成山，牛马、大象多得数不清；四面八方的人都来做生意，地方越来越富强。而当失去这颗绿宝石时，孟连的山水渐渐失去了往日的葱茏，水灾旱灾频繁，饥馑病魔相继，姑娘们歌唱时，也在歌里千呼万唤。一个鲤鱼精为孟连找回了失去的绿宝石，孟连的山水又披上了浓浓的绿装，地方从此风调雨顺、生意兴隆，人们又恢复了往日的欢笑。外地客商常常这样称赞：孟连是一颗神奇的绿宝石。

被傣族人公认为歌手，那的确是件不容易的事。歌手必须出口成章，字字珠玑，看似平凡的事儿，经她（他）之口唱来，便点石成金，诗意盎然，听了如痴如醉，乐不思蜀。

但是，再怎么出口成章，点石成金，傣族诗歌里还是留下了历史深深的印迹。丢了金印的地方，一开口就是“罕哎、罕哎”（金子哎），丢了宝石的地方，一开口就是“相哎、相哎”（宝石哎）。而孟连，就是那个丢了绿宝石，又失而复得的地方。一个叫勐柏的傣族村寨，就因“打开”装绿宝石的匣子而得名的。

勐柏是去往京城朝贡的必经之地，坐落在一些不大不小的群山怀抱之中，是个比较袖珍的河谷盆地。远看，勐柏靠山傍水，古木蓊郁，竹楼间炊烟袅袅。近听，松涛阵阵，溪流潺潺，鸡鸣犬吠，好一幅世外桃源的祥和景象。

1 勐柏傣寨

2 傣家秋收

相传，不知是哪一年，孟连傣族土司按期派出使臣赴京朝贡。使臣赶着大象迢迢万里来到京城贡象，与他们一同来的车里、八百、孟艮、缅甸等地方的使臣，他们都得到了皇帝赏赐的彩缎、彩币，唯独孟连却得到一个十分粗糙难看的匣子，大臣还特意吩咐不准打开看。

使臣满心以为皇帝看不起孟连，随便给点小东西打发他们，心中十分不快，一直都没打开看。直到离家不远了，使臣心想，不看，回到王宫怎么向土司禀报？就在一个村寨的小水塘旁边，打开了匣子。一看，原来是一匣雪白的珍珠上面，放着一颗晶莹璀璨的绿宝石，那耀眼的光彩点亮了每个人的眼睛。手执匣子的使臣惊呆了，失手将匣子掉在地上，匣子里的珍珠落入水塘里，还没等惊魂未定的人们去捡，那水塘底即刻变成了涌泉，就像大珠小珠落玉盘，珍珠就这样怎么捞也捞不起来了。离寨

❶ 舒心地笑

❷ 傣女沐浴

子不远的一个溶洞，忽然喷出了巨大的水流，大家欣喜若狂，感恩朝廷恩赐的绿宝石和珍珠给坝子带来的勃勃生机。

土司见了绿宝石，大喜过望，乐得合不拢嘴，将坝子命名为勐柏，意为打开宝匣的地方，泉水也取名为珍珠泉。遂命专司收藏的大臣，好好将绿宝石收藏起来，只有在每年正月初一过大年，全勐举行祭印大典时，才拿出来让臣民们观赏。

说来也怪！自从得了这颗绿宝石，孟连的山水变得更加郁郁葱葱，不但风调雨顺无病无灾，种出的粮食多得吃不完，开采出来的银矿堆成山，牛马大象多得数不清，连四面八方的客商也赶来做生意，孟连地方也越来越富饶和强盛。

远在京城的皇帝听说后，肠子都悔青了，他想把这颗绿宝石拿回去。明的要当然不行，只能派人来偷。于是，皇帝派了一位官员来到孟连傣王宫。在一年一度的祭印大典上，土司穿上皇帝赐给的蟒袍登上宝座，面前摆着朝廷发的大印和各种赏赐。当然，那颗绿宝石也在其中。那位官员趁大家不注意，悄悄地用另外一颗绿宝石调换了。

第二天，大家发现那位官员不辞而别，大臣们觉得有点蹊跷，仔细察看后发现那颗绿宝石被调换了，大家都为失去了这颗神奇的绿宝石而伤心不已。

从此，孟连的山水渐渐失去了往日的葱茏，谷子不低头，牛马不吃草。姑娘们唱

❶ 珍珠映傣裙
❷ 稚童戏珠

歌时，也在歌里“相哎，相哎”地呼唤着。眼看水灾旱灾频繁，饥馑病魔相继，土司决定悬赏，谁能找回这颗绿宝石，封官赐地不说，还将他招为驸马，把王位让给他。

可是，京城远隔千山万水，皇宫戒备森严，想找回那颗绿宝石，真是难于上青天！

南垒河的大龙潭里有个鲤鱼精，她已经在那里生活了上千年。现在日渐减少的河水，两岸枯黄的竹木，让她越来越不舒服。许多水族都开始搬家了，可她舍不得离开龙宫和老迈的龙王。于是，她决定亲自出马，去找回那颗绿宝石，让孟连的山水重新披上绿装，让南垒河水再现往日的清澈。

她变成一个傣族姑娘来到王宫，向土司召贺罕请愿。土司见她纤纤细腰还不盈握，面如桃花吹弹可破，不知一个妙龄的卜少能做什么。问她需要多少帮手和银子？她说都不需要，请土司放心！耐心等待她得胜的消息。

土司和大臣们见她貌似天仙，但一腔侠肝义胆却胜过男儿，感动得流下了热泪。正准备为她摆酒壮行，只听她说声“谢谢”，转眼就消失了。

鲤鱼精到皇宫后，一下子就迷住了皇帝，被封为妃子，集三千宠爱于一身，使皇帝忘了上朝。

一天，爱妃病了，连日茶饭不思，秀眼难睁。来了多少御医，开了多少药方都不见效。眼看爱妃气息奄奄，皇帝心疼得直掉泪，问爱妃从前可曾患过此病？爱妃说：这病从前也患过，只用一个单方便可，这单方却得之不易。皇帝说，只要能治好爱妃的病，就是要灵芝仙草，朕也能办到。她说，用许多绿宝石泡在水里，连浴几日便能痊愈。于是，皇帝命人拿出所有的绿宝石，泡在水里让她入浴。她偷偷找出那颗神奇的绿宝石后，离开皇宫，从护城河游向江河大海，再游回南垒河的大龙潭中。

自古精灵不能与人类结合，否则，不仅千年的修炼前功尽弃，而且再也变不成人形。鲤鱼精明知如此，但为了救孟连于灾难，不惜以身破戒。从此，只能待在水中，不能变成人上岸，自然也就无法将绿宝石送回孟连傣王宫。

一夜，她给土司托梦，说绿宝石已经取回来了，放在大龙潭的龙洞里，请他派人去拿。土司先后派了许多善于潜水的人潜水下龙洞。但回来都说，那颗绿宝石在水中发出绿莹莹的光，就像在手之前，但却怎么也拿不到。

孟连的山水从此又披上了浓浓的绿装，风调雨顺、五谷丰登、六畜兴旺、生意兴隆，人们又恢复了往日的欢笑。外地客商常常这样称赞：孟连是一颗神奇的绿宝石。

至今勐柏这个打开宝匣子的地方，还像个聚宝盆一般富饶，珍珠泉里一如珍珠起起落落，清清的泉水让傣家儿女日日饮用沐浴，龙洞里喷涌的流水滋养着这方水土。

珍珠泉

# 莫口今夕

莫口，一定是一个隐喻丛生的，承载着无数美好愿望的名字。

雨季甚至不能行船过渡的渡口，到旱季清浅见底，看得见刚出壳的鱼苗在水里游来游去，甚至看得见几粒恒河的细沙在水底慢慢地舞蹈。从水里捞出目光，巨大的银箔在江面上闪来闪去，原来是阳光冲破凤尾竹叶的阻隔，把光阴一缕一缕地抛洒在微风揉皱了的江面上。

出了富岩镇，车子在苍莽的橡胶林里奔驰辗转了近两个小时，终于到达目的地，位于南卡江边的莫口下寨。

浓雾淡化为乳白色的薄纱，虚化了南卡江，流水如梦、如幻、如诗、如画，任思绪翻腾也挥不去、拉不近、斩不断。一些美丽的事物，在江面上飘飘忽忽，想睁大眼睛看个清楚，耗尽所有努力，终是徒劳。

走在路上，看不清往前走的路以及路边的风景，沉重的肉身在水泥路上移动，有些腾云驾雾的感觉。还有些害怕，就怕一脚踏空就陀入无底的深渊。想抓住眼前的空气，伸手却摸到雾气无限的温润和潮湿，回头又望不见走过的路。

中午一两点钟的样子，雾气慢慢散去，南卡江慢慢展露出自己的真容。横平竖直、整齐划一的橡胶树林之下，招手摆手的翠竹、摇曳不定的芦苇、层层交缠的藤蔓，温柔地拥抱着静静流淌的南卡

江。用一半胸脯和一个臂弯，簇拥着充满希望的莫口寨子，再用另一只手牵着莫口渡和莫口渡摇曳不定的传说。

逆流张望，远山的雾就像未匀净的胭脂，飘摇在美女的脸上，没能融入美女的脸；顺流远眺，还是云海茫茫，露出几点山峰，犹如茫茫大海上几叶扁舟，任风吹浪打总是岿然不动。再半个小时后，雾气全部散去，凡胎肉眼前，山终于是山，水终于是水。脚下一片干净的沙滩，沙滩上一串又大又深的脚印有板有眼，一串又小又浅的脚印有些零乱和急促。那串小脚印，好像我踩在某个日渐模糊的童年梦幻里：春天的野菜、夏天的鸣蝉、秋天的山果、冬天的黄尾巴鱼……一切都那么简单，一切都那么值得期待，一切都那么难以忘怀。

1 渡　船

2 点种竿之声透过森林回响

凉风习习，拂过江面。雨季甚至不能行船过渡的渡口，

旱季却清浅见底，看得见刚出壳的鱼苗在水里游来游去，甚至看得见几粒恒河的细沙在水底慢慢地舞蹈。从水里捞出目光，巨大的银箔在江面上闪来闪去，原来是阳光冲破凤尾竹叶的阻隔，把光阴一缕一缕地抛洒在微风揉皱了的江面上。

莫口，一定是一个隐喻丛生的承载着无数美好愿望的名字。今天，我一点也不想去探究，它汉语的意思是什么，也不想抒发种种莫名其妙的感慨，却莫名其妙地喜欢眼前的莫口渡。

今天晚上，我们一行人要在这里露营，同伴们早把各种用品堆放在沙滩上。一部分人做饭，一部分人去捕鱼。早听老人们讲过，莫口渡曾经拥有无尽的繁华，商船曾在这里停泊，旅人曾在这里歇息，物产曾在这里集散。如今，繁华的蛛丝马迹早被岁月的风雨抹平，南卡江两岸都是一眼望不到边的橡胶林。曾经的马店随风飘散，曾经的拴马桩归为尘土，胶农们又来安家立业，等待另一轮繁华的到来。

嘎拉村莫口下寨离江边不到300米，我借机夜访一个胶农家。男主人说，大约在200年前，他的爷爷为了逃避缅甸战乱之苦，跑到南卡江边生活。劈木板、搭起木板房，找野菜、摸鱼为生。两年后，就返回缅甸聚集本家户族30来人搬迁过来。莫口土壤条件很好，他们开始学习种植谷物和玉米，主要的经济收入是种植大烟。到20世纪50年代，受“大跃进”和人民公社运动的影响，返回缅甸专门种植大烟。20世纪60年代以后陆续返回，农耕为生。到2000年初，莫口已经发展为上、中、下三个寨子，政府对寨子进行统一规划，初步做到人畜分离；同时开始规划种植橡胶，生活条件和居住水平得到了很大的提高。

雾锁莫口

物质生活虽然发生了很大的变化，但仍然保留着一些原始

佤族老人

习俗。

比如，四五岁的女孩就会打耳洞，佩戴耳饰，随着年龄的增长，耳饰越来越重。到十四五岁，父母会用攒下的银子打制耳饰。耳饰很像由螺栓和螺帽构成的螺丝，螺栓的中间是空心的，可以把纸币放到里面。耳洞大是女孩子的自豪，耳洞越大里面的钱越重，是家里富贵的象征。

比如，哪家有人身体不舒服，或者连续一段时间做事不顺，或受到惊吓，就请来法师，并请全寨人来宰杀一头猪做礼，消灾祈福，一整天不能外出劳动。做礼的猪不能沾开水，必须用火把猪毛烧光。煺毛后还要进行拴线仪式，法师给要祈福的人拴上棉线，祈求在接下来的日子里能够平安顺利。整个寨子的人都要到家里吃饭，主人家不能屯留猪肉，没有煮的和吃剩的肉都必须分给其他人家，各自拿回家做吃。

比如，有时候你到别人家里做客，主人也会为你祈福。舀一碗米，把拴着棉线的钱币埋在米中，拉着你的手，送上

①拴 线
②祝 福

祝福。然后，从碗里随便抓出几粒米，按两粒算一次的计算方法进行统计，看米粒是奇数还是偶数。然后，给你斟酒，让你把酒倒在腕关节内侧一部分，酒向手指方向一条直线下流、不分叉，则预示你在今后将顺利平安。如果分叉，主人会帮你消灾除邪，并按照男左女右的方式为你拴线，祈求你一切顺利、健康平安。

那晚，当我们入梦时，正是胶农们上工时。从家到割胶林地的路上，阿佤人民的新歌悠扬上高空，悠扬向远方，依稀悠扬进我们的梦里……

# 朗勒茶香

朗勒，一片鲜活的叶子，要经过多少工作，才变成一个隐藏无限想象空间的故事？要走多少年的路，才会遇上一杯烧开到一百度又低于一百度的水，才会遇上一个有故事的读者，或者说饮者？杯里的绽放，飞扬或舞蹈，能真正融入哪颗旷世的心灵？

普洱人都谈普洱茶的时尚，我怎样才能把普洱茶的非时尚说好？自己给自己出了难题，却不知道能不能曲解出皆大欢喜的答案？

第一抹阳光到达朗勒茶园时，轻如丝、白如絮的雾开始离开地面；晶莹如水晶、湿润如珠玉的露水，正和仙女眉睫一样的茶芽吻别。如果退出郎勒茶园之外看茶园，又如果站上茶园最高处看茶园，都是茂林修竹，郁郁葱葱。看不出大森林里会有六个寨子；看不出大森林里隐藏着一个规模不小的生态茶场；来去的路被重重叠叠的绿波淹没后，我们还能不能顺畅地呼吸？

下车，走在林间的柏油路上，凉风裹挟着茶芽和泥土的芳香扑鼻而来。目光循着芳香探索，灌木林下，一行行茶树像一条条绿色的锦缎，水平环绕着绿色的山坡和凹槽。空中

1
2

的树叶是绿的，贴地的茶叶是绿的，茶树脚的地面也是绿的……如此浓郁的绿重叠在一起，对于生活在城里的人们，可能是一种惊艳；而生活在里边的人们，会不会起腻？也许真有一点。这棵树和那棵树之间，茶地的株里行间，一处是轻盈柔美、灵动优雅的花儿时隐时现；一处是赤、黄、绿相间的彩虹时隐时现；一处是深黑深黑的幽灵时隐时现。那是采茶少女们忙碌的身影，她们的忙碌点缀着艳艳的绿、丰厚了繁复的绿！

三月采茶热不赢，
约妹赶街卖春茶。
路弯车斗嘴亲嘴，
阿个滋味没词夸。

突然，更远处传来采茶调，逗得几个小姑娘哈哈大笑，采茶的手也变得更快了。采茶，是一门可以用来谋生的技艺，也是一种提升生命品质的修行。如果有机会，你可以好好闻一闻，采茶姑娘的爱情都是普洱茶经过自然发酵后冲泡出来的气色。

出于对唱曲者的好奇，加快步伐，往前走去，希望在前面的一个小山包能见到歌者的样子。没到那个小山包，路就在一棵古树的背后转一个弯，却遇上六个出来采茶的人。

一个中年哈尼大嫂先和我说话：

“大哥哥哎，挎着阿大大呢照相机，来照我们的茶山该？这是我老公，这是我姑娘，这是我姑娘呢小伙伴。我家呢茶地挨箐边，上前几天就发了。我姑娘呢伙伴们，就先来帮我家采摘。二天她们呢发了，我家呢摘完了，我姑娘又去帮她们。大哥哥哎，再趟我们采茶的时候，雄雄呢帮我们照几张嘛，给我姑娘她们拿去喳喳嘛！”

一大段带着民族尾音的话，完全透露出哈尼人朴实、热情、好客的品性。看着装，老公是汉族，她姑娘的三个伙伴一个是傣族、一个是拉祜族、一个苗族。六个人代表五个民族，四个花季少女穿着各自的民族盛装。今天我这眼交的什么运哟？汉族的天，哈尼族的地，五十六个民族五十六朵花中哈尼、傣、拉祜、苗四朵含苞的花蕾，在我前路上的春风里恣意绽放！

想着，想着，又被哈尼大嫂的话拉回现实：

“大哥哥哎，茶园好风光哟。多走走噶，多望望噶，中午望累了么，来我家歇气吃茶噶，我们也要回来歇气呢。诺，我家就阿边树棵棵里！”

“好嘛，我再趟转来你们采茶处噶。”

我边答应边目送他们远去，再看看她的“诺”。几棵大树几篷竹子里边，一栋不大的哈尼族风格的别墅，应该是盛唐哪位诗人喝茶饮酒作诗的所在啊！

一股家乡的香，沁人心脾。

采茶人已走远，继续我今天的行行摄摄吧！

下柏油路，上茶山小路。小路清洁光亮，一尘不染，两旁开着各色野花。我捧着相机轻轻走在路上，不惊动歇在路边的蝴蝶，不惊动茶花蕊上摸索的小蜜蜂，不惊动倦飞了蹲在茶树下纳凉的小鸟。蝴蝶还是飞了，小蜜蜂还是飞到更远另一朵茶花蕊上，小鸟还是向另一行茶树下或一棵树的枝头飞去。是我的脚步太笨拙，还是

那些小生灵的触角太敏感？是我的摄影技术太差，还是那些小生灵太调皮太不解风情？我的镜头里，竟然没能留下她们追魂摄魄的美！

还是那些神灵附体的茶芽，懂我，惜我，每片叶尖上都顶着一颗硕大的露珠。水晶球一样的纯净，比水晶球更多的灵动，任由我四面八方向着她摇动镜头，任相机记下她的赤橙黄绿青蓝紫！一向口拙的我，说着一万遍“谢谢”：谢谢朗勒，谢谢茂林，谢谢修竹，谢谢茶树，谢谢茶芽，谢谢露珠……

不知不觉到了中午，身体开始发热、肚肠开始饥饿、喉咙开始干渴。收好疲惫的相机，摇动干燥的目光，在世外美景里盲目地探索美丽的水和食物。却找不到了要我帮她们拍几张采茶照片的团队，遗失了个美丽的约会，违背了一次美丽的诺言，留下了一个将不好意思提起的遗憾。慌乱的目光，终于撞上几棵古树和几篷竹子，林子里却是傣族风格的小别

采茶忙

❶ 茶香风情
❷ 茶的海洋

墅。家里有人，刚准备上前搭讪，女主人抬头看见我，就先邀我进去歇气，不求而得，正中下怀啊！

女主人冲一杯茶，放在我前面的篾桌上："先喝水哦。等下我们整一叠叠菜么，和我们一起垫底一滴滴冷饭。"就去观察整理早上晒下的茶了。

我凝视着茶杯，想象着一片鲜活的叶子，要经过比发酵、萎凋、静置、搅拌、发酵、杀青、揉捻、晒（烘）干、分装，甚至更多的工作，才变成一个隐藏无限想象空间的故事？还要走多少年的路，才会遇上一杯烧开到一百度又低于一百度的水，才会遇上一个有故事的读者，或者说饮者？杯里的绽放，飞扬或落寞，轻歌或曼舞，又能真正地融入哪颗心旷世的悲悯？

"俺们朗勒茶场么，十多种民族嘞，用一样的技术呵，在一个地方种茶哦，采茶哦，加工茶哦……"

也许，女主人会怀疑我可能担心茶叶的质量。我怎么会有半分的怀疑呢？这么稳重的山，这么美丽的茶，这么勤劳善良和谐的茶人。

朗勒的茶香，三生又三世。

# 腊福天池

孟连的绿，腊福的山水可作为代表，腊福的山与水怎样完美地整合？去腊福天池看看。

山朦胧，水朦胧，恬淡地相守，安静地相依。水面上，几片云彩托着悄悄冒出来的红日，是一个莫名就羞红了脸颊的少女。湖中的小岛慢慢清晰起来，岛上长伸着的树枝握着彩练飞舞，仿佛七仙女出沐天池，飘扬着裙裾，准备飞回天庭。

从勐马镇到腊福天池的公路，时而绕过一个栽满各种花果的小院，时而绕过两带绿锦一样的台地茶，时而绕过几丘漂着蓝天白云的梯田，说话间就绕过了几座不大不小不高不矮的山丘。我们坐的轿车，在比较直的路上急驰，在弯道急处缓缓绕行。如果被虚无中的上帝看见，一定会调动所有的智慧来推理，这是不是一只墨绿色的田螺，在人类垒田时多出去的田埂上爬行。

一路的颠簸，一路猛踩油门和猛踩刹车，一路左丢右甩，没能让我们晕或累，我们回报来路的是更多的惊喜和赞叹。青藤上的一只小雀，茶芽上的一滴水珠，微风中的一只蝴蝶，野花之间的一只蜜蜂……都让好久没亲近大自然的我们尖叫不已，都让田地里劳作的乡亲们对我们感到奇怪。

在反复的惊喜和赞叹之间，我们的车终于绕道上了众山

❶ 天池的馈赠

❷ 天池畔的拉祜人家

之巅。下车细看，众山相拥连成一条柔美的弧线，突出处是少妇的肥臀，收紧处是少女的蜂腰，圆润柔和又不失刚健。众山的怀抱里，是一汪缥缈的湖水隐约地呈现在眼前。众山的葱郁和一泊湖水的碧绿，被薄雾做成的白纱轻轻笼罩。山朦胧，水朦胧，恬淡地相守，安静地相依。水面上，几片云彩托着悄悄冒出来的红日，是一个莫名就羞红了脸颊的少女。湖中的小岛慢慢清晰起来，岛上长伸着的树枝握着彩练飞舞，仿佛七仙女出沐天池，飘扬着裙裾，准备飞回天庭。

沿岸徐行，头上的枝叶时浓时淡；路上的小草时而干爽时而点着晶莹的露珠；湖面的光亮时隐时现，幻化出种种奇景。目光的寻找与寻找之间，脚步的追逐与追逐之后，到了湖水的另一头。绿浪凝固的皱褶

❶ 水天一色
❷ 腊福天池

里，一群一群的黑屋顶若隐若现，朋友们说，那就是大黑山脚的腊福大寨。

爬上新修的观景台，手扶栏杆，背靠大寨，极目远眺。温暖的阳光，落在我秋天的背上。秋风微凉的手，轻揉我激动过度的脸颊。心跳动如风，魂魄静如水，自然收回凌乱了半天的目光。一览无遗的湖光还像春天那样多情，不知是水让天更蓝，还是天让水更清，天蓝水清两相映，天空留给湖水悠悠的白云，湖水还给天空皱皱的波纹。远近高低各不同的山色，也没有任何的枯黄和没落，没有点滴的凋零和凄凉，只有秋季的果香，只有秋收的丰厚。

下了观景台，回到湖边的景观路上。把激动的心沉入透澈的水里，像小鱼儿一样自由地游动，就像远山在近水里轻轻地摇摆一样。放下所有的牵绊，随鱼游，随山摇，在坚硬的树木之间无障碍地嬉戏。连知了也为我停下了歌唱，一两声鸡鸣晌午的歌声穿过竹林，和阳光一起潜入我耳朵，潜入最后一个有乡无愁的所在！

把心从湖里捞出，才发现岸边有两个拉祜母女在垂钓，湖光山色竟然有意地遮蔽着小树下悠然抽烟的她们。腊福的拉祜人，从原始社会一步跨入社会主义社会，没有几千年奴隶社会、封建社会、资本主义社会的浸染，没有男尊女卑，没有男耕女织的社会分工，没有等级律例，只有同甘共苦和

1

2

❶收　获
❷腊福天池

你敬我爱。女人也和男人一样，可以喝酒抽烟、下河钓鱼、上山打猎。这才有今天我们在湖边的遇见，母女俩边沉醉于尼古丁的烟雾缭绕，边看着钓竿，边等着愿者上钩的鱼儿。在今天腊福天池，在垂钓母女的身后，所有的俗人终于放下一切世俗的牵绊，只剩感动，只剩祝福，祝福腊福！

拉祜族是一个猎虎的民族。拉祜人世代奔跑在山林里，以狩猎为生。时光变迁，猛虎不再，就安家于莽莽的大黑山麓，种植茶叶和咖啡。拉祜语“腊福”，汉语意为“茶叶多多的地方”。腊福村在先，后来兴建的腊福水库在后。村寨与水库又有什么关联呢？暂且存疑。

祝福腊福，茶叶多多，安宁多多，幸福也多多！

# 放眼南垒河

最是那一低头，南垒河水平如镜。

龙血树的金山、调皮的法罕山、原始苍莽的银山、依依的垂柳、参天的菩提树、更参天的大金塔……悉数汇聚于南垒河波光里，交汇出可以洗心革面的佛光。

傣家人普遍信教，对佛的虔诚从此升华为政治、经济、社会发展的正能量。祝愿孟连的明天更美好！祝愿孟连人民的生活更加幸福！

走在南垒河大堤的人行道上，利用手中的三个镜头，寻找着凤凰树最后绽放的花朵，寻找凤凰花各种季候花瓣的笑颜，寻找凤凰花各种季候花瓣在各种光照角度下的美，寻找或走或停的人们对今年最后一期凤凰花的感觉。临河公路上来来往往的各种车辆，不吐尾烟，不鸣喇叭，似乎谁也不忍扰乱此间的静美。肩挎相机包、脖子挎相机、左手握相机、右手还握相机的我，一下子不好意思起来，自己可能成了这道风景里最扎眼的所在。索性，悄悄坐在一棵老凤凰树下的石凳上，收起相机，慢慢地低下头，慢慢地整理一遍眼前的南垒河，它在河堤下静静地流淌。这是孟连人的母亲河，孕育了孟连的青山绿水，也孕育了勤劳的傣家、善良的拉祜、勇敢的阿佤……

那个民间传说，无意间画出了南垒河和南郎河的流域图。

目送南垒河

“南垒”，傣语意为追夫。南垒河与南朗河的源头都在澜沧县拉巴乡芒东村，是一对有福同享、有难同担的恩爱夫妻。丈夫南朗每次捉到野兽，都和妻子南垒共享，妻子找到的野味也从来不忘留给丈夫更好的一份，相亲相爱地过了不知多少年。有一天，怀有身孕的妻子捉到一只小刺猬，刺猬很小很小，而肚子又太饿太饿，就自己先享用了。晚上丈夫回来，看见硬刺就抱怨说：“从前，我不管捉到什么野兽，都不忘与你分享，从来不独自享用。你今天捉到的野兽毛这么粗，肉食不知该有多少，你怎么忍心一个人独吞呢？”接着就愤怒地出走，委屈的妻子急忙追上去解释。可丈夫点起松明火把就跑（所以南朗河沿岸长满了松树），松明火把耐燃，丈夫走得快。怀有身孕的妻子体力弱，点的野竹火把（南垒河沿岸野竹多）

又不耐燃，走不远又得重做火把，妻子越追离丈夫越远。但她毫不泄气，一直追啊追，最后终于追上丈夫，消除了丈夫的误会，夫妻俩和好如初，汇入湄公河后，一起奔向无限向往的大海（太平洋）。

求证传说的虚实是一件很无聊的事，传说中的情节倒可以做些反向推敲。作为猎人的丈夫，对刺猬毛和刺猬大小的比例关系不应该这样无知。是有了小三回家找妻子的茬，还是妻子没有与时俱进而欢心不在？再有，丈夫真心要跑的话，怀孕的妻子追得上吗？应该是消了气或已经知错的丈夫，等在前方某处。清官难断家务案，谁要从头分析传说里一种物质的化学成分，只能说明是愚不可及。再说，所有说不清道不明的婚姻生活，过去了就都成为不可或缺的美。总之，有了南郎的跑和南垒的追，才有澜沧和孟连的山山水水，才有讲不完的孟连故事，才有与梦相连的绿宝石！

慢慢睁开眼，慢慢抬头，慢慢站起来，凭栏放眼南垒河上游。金山银山并立并行，之间的法罕山更像一个调皮的小男孩，左手牵着父亲的右手，右手牵着母亲的左手，他在中间欢跳着、雀跃着。记得友人说，法罕山过去，在一个叫景冒村的上方隐藏着名叫勐英的寨子，那是傣家人心目中最凉爽的地方。几座袖珍的低矮缓坡相连相拥，坡上一级一级台地茶的绿像是一层一层缓缓推进的浪，茶园里星星点点的大香樟树，不知是哪几条大鱼嬉戏时腾起的大水花。民居、路和路上的农人，是迎风招展的绿锦上更绿的刺绣，增加了绝美景致上的灵气和动感。勐英就是那些绝美装饰图上的欧洲农庄，南垒河的发源地就在那儿！

事实上，南垒河的发源地是澜沧拉巴乡的芒东村，未到勐英之前叫牡音河，过了勐英才开始叫南垒河。但友人说的更符合传说的特质，法罕山是一个淘气的小男孩，在金山和银山这对父母之间撒尽娇气，流一路被长长短短的山脉逗戏，

金山栈道

又一路逗戏大大小小的岩石，才悠悠地流过娜允古镇。

传说中的龙血树，在银山上成长了几百年几千年，我期待什么时候再走进古旧而纯粹的林中，细细体味与生死有关的片片落叶。金山上的原始森林，以人类诞生之初的情态，映射着娜允新城高楼的整洁与惬意。金山脚和南垒河边的栈道，也许是龙王出巡和傣家人朝拜水神的金光大道。这种感觉，要在栈道远处的夜晚更形象。河面上，三座山的绿和一条河两岸的建筑、花草，依次游荡在水里，云彩又在她们之间游来游去。河对岸，杨柳依依，不知是在送别哪朵远去的云，还是在等待哪朵未来的云？柳条飘飘的后面，几栋未被钢筋水泥改造过的傣家小楼，诗意地栖居在蓝天白云之下。垂柳下，堤岸下，有几堆绿，几条老水牛在懒洋洋地撩着绿草，其中两头牛突然冲进河里，剩下的抬头望了望，似乎还弄不懂两个同伴是要做什么，直到两个同伴睡倒在河水里，才跟着提起迟疑的脚步。俯视脚下，这边没有土堆，河堤的石缝间偶然一点土意，就长

❶ 南垒河头田园风光

❷ 南垒河源头

❶ 银山原始森林
❷ 风雨桥

出几丝弱弱的青草。没有风，水慢慢地流，草慢慢地点头、摇头，我忘了揣测是草戏水还是水戏草？一朵凤凰花从我前面慢慢落下，慢慢挂在青草的茎叶结合处。我看见我在水里凝望的脸上，有了大大的一朵红晕，紧接着，红晕又随一圈一圈的涟漪散去。我拿出相机，想记录下这久违的羞涩，脸却被拿起的相机遮住。失望地收回目光，再向南垒河下游眺望，河水和河边的芳草都无穷碧，无限辽阔的远方无限魅惑，些许的失望，化作更多的希望。

友人驾车把我们送到对面的杨柳岸，过桥后没到柳林之前，绕过一个傣寨。寨旁有条河，河边的稻田正在栽秧。三个插好秧回家的小卜少，各自掐一片思茅芭蕉的叶子作伞，一手提着裙摆，一手举着蕉叶伞，在田埂上婀娜而过，动作就像洗尽700年铅华的孔雀舞。她们的脚下，两架水车，巨大的竹编风水轮以一段木头为轴，以栽在河里的两根树杈为支柱，延续着几百年来的转速："咯咯，吱——咯咯，吱——" 风水轮上捆着好几十个竹筒，有序地汲起河水，倾倒在固定在风水轮高处的引水竹槽里，再根据稻田的位置连

接引水竹槽，引水入田。

云淡风轻近午天，傍花随柳过前川。刚才的彼岸已变成现在的此岸，刚才的此岸已变成现在的彼岸。

微风杨柳万千条里必然回首，我和娜允，谁在这水绿色的门帘之内？谁在这水绿色的门窗之外？此时的南垒河，水面清平如镜，人行道边的凤凰树，路灯柱上的神鱼和葫芦，菩提树拥着的大金塔，全部倒映在水中。蓝天上吉祥的白云，慢慢地往古镇的西边移动，有一片却在塔尖挂了很久。友人说，金塔傣语称“爹哦啦”，意为“指路的亭”，为人指点迷津，也是娜允镇的标志性建筑。我在想，人空、生空、我空，一切追求真、善、美的路，都得像唐僧西行取经的路，都必须历尽千辛万苦。而“西行”，需要怎样的布施和与人为善才叫“赕”？需要怎样的“赕”才可以赎下前世的罪孽？需要怎样的“赕”才可以积起今生的善？或者说，需要怎样的“赕”才可以解脱自我的欲望、拯救自我的灵魂？需要怎样的“赕”才可以不在来世轮回里下地狱、为饿鬼、为畜生？需要怎样的“赕”才可以把可畏的人言升华为政治、经济、社会发展的正能量？比如我们孟连的傣家人，因为普遍信教，因为对佛的虔诚，而不敢作恶，不敢滥杀生，不敢乱砍伐，而最大限度地保护了我们所赖以生存的环境。

孟连最云南，是彩云之南再之南。孟连生活着傣族、拉祜族、佤族、哈尼族等少数民族。因为悠久的民族文化历史、浓郁的边地民族风情、和谐的自然生态景观，近年引起了相关学科专家学者的关注，得到了不少媒体的聚焦，也吸引了各方游客的眼球。娜允镇已成为云南省最具魅力的旅游小镇之一，是中国至今还保留着浓郁傣族风情的最后一个古镇。历史上曾有“北有丽

❶ 车引水，蕉叶作伞
❷ 水映金塔
❸ 三座青山一片绿水
❹ 凤凰树下的人行道

江、南有娜允”之说，现在的知名度虽然没法与丽江古城比，但却是东南亚傣族人民心目中的圣地，因为历代傣族土司衙门——孟连宣抚司署就设在这里。

傣族的图腾是金孔雀，寓意“吉祥、幸福、美丽、善良”；拉祜族的图腾是金葫芦，葫芦被视为本民族的起源和保护神。我的目光又回到河面，稀稀疏疏的凤凰花、郁郁葱葱的菩提树、金光闪闪的大金塔，都在水里摇曳，彩云之间悠悠。灯柱上跃龙门的鱼和倒挂的金葫芦，在河水里换了运动的方向。大金塔的塔尖穿过一朵祥云，深深地插进水中，就像那只锐利的丘比特之箭，迅速地洞穿那颗信仰爱情的心！

半烟半雨，映稻映水，我站在傣寨外的柳丝里，面对南垒河，双手合十——

祝愿孟连的明天更美好！祝愿孟连人民的生活更加幸福！

# 第三章
# 边陲福地

西南边陲，群山怀抱、绿树掩映的孟连，民族多，节日多：神鱼节、泼水节、葫芦节、新米节……

节日多，歌舞就多。有孔雀舞，竹筒舞，还有优美缠绵的情歌，有高亢嘹亮的山歌，有肃穆庄严的祭祀调，也有哀婉悲痛的丧曲。值得一提的是“贺新”，互帮互助为各族村寨编织了紧密而牢固的社会网络，现在孟连大力推广，并取了一个好听的名字，叫作“宾弄寨嗨”。

# 神鱼节，东方水上的狂欢

神鱼节期间，成千上万孟连城乡各民族男女老少和游客们都要下南垒河捞鱼，他们撸起袖子、挽起裤腿，拿着各式捕鱼工具，大展捉鱼身手。当地独特的各种捕鱼方式也都派上了用场，捉鱼的场面十分壮观。它以排他性、参与性和狂欢性深受人们喜爱，被誉为“东方水上狂欢节”，吸引了众多中外游人前来旅游观光，成为孟连最具特色的节庆活动，也成为云南十大狂欢节之一。

孟连民族多，节日自然也多。但能将天南地北，不同民族、不同年龄的人都吸引过来，忘我地投入，狂热地参与并且自得其乐的节日，非孟连娜允神鱼节莫属。那万人空巷下河捉鱼的场面，让前来的游客叹为观止。因而，孟连娜允神鱼节也被参加过的游客誉为“东方水上狂欢节”。

是什么样的传奇，衍生出这样的节日？是什么样的情结，让凡人热衷于捕捞神鱼？又是什么样的水上狂欢，激起边地别样的风情？

神鱼节源自傣族古老创世神话。洪荒大地，万物伊始，先民终日辛劳却食不果腹。神王于心不忍，命神鱼给孟连送来谷种。不料途中被魔鬼帝娃达盯上了。说起这个帝娃达，在神界一度劣迹斑斑，起初因违反天规被天神撵出天宫，后来又变成绿蛇，引诱看守天界果园的两位神仙，偷吃了仙芒

果而变成凡人，因此成了神王的对头，常常在暗中寻找机会，破坏神王拯救人类的善举。

帝娃达趁夜间神鱼疲倦地睡着了，将神鱼捉到岸上，生了一堆大火烤鱼吃。神鱼为了不辱使命，忍着烈火烤炙的剧痛，拼命挣扎逃出魔掌，把谷种送到孟连。神鱼到现在还尾巴卷翘、双眼发白、一只眼珠往外凸、身上还有火烤过的伤疤，就是被帝娃达烧烤时留下的。人们感激神鱼为他们送来谷种，把这种身带伤残的鱼当神鱼祭拜，每年都要到有神鱼游出的溶洞前祭祀。

有了谷种，人们的生活有了改善，但还不够尽善尽美。神王大

❶ 东方水上狂欢节

❷ 捉鱼归来

发慈悲，问天下所有的动植物，谁愿意源源不断地给人们送去食物，但又不要人来供养和回报。

鱼类、鸟类和蕨菜都表示非常愿意，鱼每年都能产下数以万计的子孙，蕨菜一年四季都在发芽，相比之下鸟类的条件要逊色得多。鸟儿比不过鱼和蕨菜，害羞地飞上了枝头。

神王命神鱼与蕨菜结伴前来。于是，神鱼每年都要从海洋给孟连送来许许多多的鱼，而凡是有鱼的河岸，都有蕨菜的踪影，人们也习惯在做菜时，将蕨菜和鱼相佐。

神话，当然只是神话。而这个神话，到底要为什么古规穿上一件吓唬人的外衣？抑或是，为了推行的某项禁忌，找个让大家皆大欢喜的理由？

找一找，还真的有耶！

哦，原来是为了禁渔。

在傣族土司统治的时代，为了让鱼虾有段休养生息的时间，上自神鱼待的溶洞，下自孟连坝子的这一段为禁渔区。只有到了四五月间，在大龙潭挡坝那天，大家才可以尽情地捞鱼。

大龙潭修坝的时候，娜允全体青壮年劳力都参加，他们先把木头固定成人字形，再横着放树枝草席和土石，被挡住的河水从四通八达的沟渠网，分配到各家的田里，坝子里的傣家人就可以耕田插秧了。

龙潭大坝不可能完全把河水挡住，但在河水还没有漫过大坝的时间里，大坝下游的水渐渐浅了，好多河段露出了河床，不安的鱼在浅水里逃窜，虾在沙滩上跳跃，这是捞鱼捕虾的最佳时机。每到这个时候，禁渔一年的南垒河也开禁了，居

❶神鱼王
❷鱼美人
❸神鱼节的形象代言人

住在坝区、山区、半山区的各族人民，从四面八方赶到南垒河中，用五花八门的渔具尽情地捕捞。不管收获多少，那喜悦都是无法用语言来形容的。

大家都愿意相信，这是天神送给凡人的礼物，都想把这喜悦和幸福年复一年地享受下去。久而久之，就演变成了神鱼节。人们在辛苦烦劳的日子里，一天天期盼着神鱼的到来，期盼着它给万民带来丰盛而营养的食物，期盼一年一度的神鱼节到来时，在南垒河中尽情地狂欢，开怀地欢笑，让河水将一年的不快全部带走。

神鱼节就这样一代代在孟连娜允流传下来。但直到2004年，这个传统的节日，才作为孟连的一张名片，被官方正式确定下来。

这是一个山灵水秀之地，千百年水文化孕育而生的节日；这是一个满怀对大自然的感恩之情迎接神鱼之日；这是一个以尽情尽兴的水上狂欢庆贺丰收的节日。

4月11日，举行钓鱼比赛，1000米多的南垒河两岸，人与鱼竿一般多，从早到晚，人来人往，谁都希望冠军的运气能降临到自己头上。结束时，总结一天的收获，那些从不钓鱼的生手，运气也许会比钓鱼高手强，不起眼的少年和妇女往往令人刮目相看。

4月12日，人们翘首以盼的日子终于到了，每年的这天早上，中、缅、泰三国边民，以及四邻八县的各民族兄弟姐妹纷至沓来，陆续赶到娜允的南垒河边，这座宁静的边地小城顿时沸腾了，只见南垒河两岸人头攒动，人们手持各种原始的捕捞工具，焦急地等待着下河捕捞的那一时刻。

激动人心的时刻到了，等待在河边的人们，早已

按捺不住内心的狂野，上万人像潮水一般涌入河中，水里的鱼一下蒙了，晕头转向地在水里乱窜，不时跃出水面，自己跳进人们的鱼篓里；岸上观看的人也不下万人，比水里的人更激动，欢呼声此起彼伏，那种忘情投入和开怀大笑，获得的快乐绝不亚于水中人。有的人也不管有没人理会，站在高处指挥若定，把河里的密密麻麻的人，当成自己手下的军队……

那些不拿任何工具的人，下河纯粹是为了体验水上狂欢的乐趣，双手在水里乱摸一气，碰到了鱼便兴奋地大叫。虽然捉不到鱼，弄得浑身湿透，心情比捉到鱼的还高兴，人人脸上喜气洋洋。

这场水上狂欢，一直要持续到下午，捕鱼人尽兴而归，这天的开心似乎与收获多少无关，但运气好的可以捉到几十斤鱼。

晚饭时分，各家餐馆酒店都上有“百鱼宴”，蒸、煮、烧其乐融融，尽情品味百鱼宴上的美食。

神鱼长街宴菜谱

祭神鱼

游客到这里参加神鱼节，品味到的不仅仅是百鱼宴上的美食，那异地的民族风情也让人留下终生难忘的记忆。晚上，各民族相聚在娜允广场举行民族歌舞展演。这里，人流如潮，锣鼓喧天，傣族的孔雀舞、马鹿舞、嘎光舞，拉祜族的摆舞，佤族的“整佤舞”，哈尼族僾尼人的竹筒舞，营造出浓浓的节日气氛。那些钓鱼或捞鱼的得奖者，在此领到神鱼节主办者颁发的获奖证书和奖金，每年的东方水上狂欢节也就此落下帷幕。

没赶上这天水上狂欢的人，还可以到南垒河上游十几公里处，参加“天天捉神鱼”大赛。那里有个“神鱼池”，与溶洞相通。游客可随时到现场报名参赛，在池里使用传统的捕鱼工具，进行捉鱼比赛，近距离体验捉鱼的乐趣。

## 福水带来吉祥年

泼水节是傣历新年，时间大概在公历 4 月中旬，节日持续 3~7 天。第一天傣语叫“麦日”，与农历的除夕相似；第二天傣语叫“恼日”（空日）；第三天是新年，叫“晚网玛”，才是岁首，人们把这一天视为最美好、最吉祥的日子。泼水节期间，傣族男女老少就穿上节日盛装，挑着清水，先到佛寺浴佛，然后就开始互相泼水，互祝吉祥、幸福、健康。人们一边翩翩起舞，一边呼喊“水！水！水！”鼓锣之声响彻云霄，祝福的水花到处飞溅。

傣历年泼水节，傣语音“桑刊比迈”，时间在傣历六七月，即 4 月中旬。

节日犹如一场戏，有序幕、开场、高潮和落幕。孟连泼水节的序幕，在正式泼水的前几天就拉开了，因此，多数游客是看不到的。只有少数摄影爱好者会早早驱车赶来，就为了看看那帅男靓女赶花街。

离孟连县城 20 多公里，有个坝子叫勐马。我们随着车流向勐马赶去。这里的泼水节，当然与那种快餐式的“天天过泼水节”大不一样，是他们真实生活的一部分，没有掺杂半点作秀的成分。

赶花街，傣语叫朗莫，打扮得如花似玉的傣族小卜少，手捧着美丽的鲜花，由帅小伙用摩托带着，成群结队地到勐马坝子里的 8 个寨子去拜年，嘿，别提有多带劲了！仿佛在

进行时装游行，吸引了无数眼球。

被象脚鼓声召唤而来的我们，也被邀请参加。前提是必须与他们一样的装扮，女的穿上亭亭玉立的短衫和筒裙，挎上她们手织的筒巴，孔雀髻上插金黄色的石斛花；男的白衣黑裤彩色头巾，衬衣扣眼里插朵芳香的兰花。

不过，这要求一点都不过分。看看这支帅哥靓女、芳菲四溢的摩托车队，不打扮一番，不仅破坏了整体美感，还对不起这么酷的骑士。

美女与帅哥的展示，一年一度的今天，风头都被出行的这个寨子占尽。被他们拜访的寨子，敲锣打鼓夹道欢迎，并在暗中与来访者较劲。其后出行的寨子，又是另一番风光，一场美的较量，在欢声笑语中展开。坐收渔利的，是我们这些观光客，真是既饱眼福，

南垒河彩虹

又饱口福！

浴佛之后，德高望重的老人与佛爷、沙弥到河边去放生，老人白衣白裤，敲锣打鼓打伞举旗于前，与手捧鱼钵身披袈裟于后的僧人，形成对比强烈的两种色彩，煞是上镜。

最热闹的场合是赶摆，男女老少身着节日的盛装，打着五颜六色的西湖绸伞，踩着鼓点，去坝子中间的集会——赶摆。大青树下，人头攒动，锣鼓喧天，人声如潮。表演的、斗鸡的、丢包的、比武的，各显其能，但这只是地上的竞赛。而空中的竞赛是放高升（傣族人的土制火箭），一只只高升直飞云霄，将赶摆场上的气氛一再掀起，“水、水、水”的欢呼声，一浪高过一浪。

傣族的高升有大有小，最大的直径比碗口还粗，插在一根大竹竿上，两头用红纸封住，中间塞满火药，四周还绑有一圈长短不一的竹笛。点火之后，高升飞到空中，竹笛会发出嘹亮的鸣叫声。泼水节的时候燃放高升，还要配备一支小乐队，每当高升发射之时，人们便不断地敲锣击鼓，年轻人则唱起节奏感很强的“伊拉贺”。锣声、鼓声、歌声与竹笛嘹亮尖利的鸣叫声、高升的爆炸声汇成一片，热闹非凡。

赶摆归来，佛寺前堆起了一个个沙塔，人们拉起一根根洁白的棉线，将美好的心愿向寺内传递。

1 爱死你

2 逃不掉的幸福

水花四溅，一场泼水大战，突然在人群中爆发，没有长幼尊卑，不分主人和客人，你一盆泼将过来，我一桶从头浇下，这一刻早忘了我是谁，尽情地笑呀、泼呀，大家都期望通过泼水狂欢，尽情地宣泄幸福的感情，通过圣洁的水洗涤自己的心灵，求得一生的幸福。我们被场上泼水的气氛所感染，勇敢地迎水而上，但愿这圣洁的水，能洗去蒙在心灵上的尘垢，还我一个洁净新亮的心境。

泼水缘起何处？与傣族的创世神话有关。

相传，专司历法的天神混桑，受命到人间划分季节，以利耕作，因他的疏忽让划分出了差错，误了农时，致使人间怨声载道。但混桑不甘心自己的职位被顶替，他给新上任的坦迷嘎拉出了道谜语，而赌注却押上了彼此的生死。

坦迷嘎拉破解了谜，混桑不得不死。但混桑的头放在地上，地上的一切将毁于大火；放在水里，无边的海洋会被烧干；放在天上，千年万代也落不下一滴雨。坦迷嘎拉只好去求混桑的七个女儿，求她们可怜可怜天下的万物苍生，把父亲的头抱在怀里，让人间免去这场浩劫。混桑的七个女儿，美丽又善良，她们答应了他的请求。

坦迷嘎拉从混桑的头顶，拔下那根致命的长发，做成一张弓，勒断了他的头颅，然后把头颅交给了她们，每个女儿轮流抱一天，每换下一个人，人们都要用清水，帮她冲去身上的血污。年复一年，就演变成了傣历年的泼水。混桑死的那天，就是新年，那冲天而上的高升，就是把混桑的灵魂送上天。

看来，即便是天神，违反了自然规律，也难免受到惩罚，更不用说普通的人了。这也警示凡人，一切顺应天时，只有自觉地维护自然规律，按自然界的客观规律办事，给自己创造一个和谐优美的生存环境，天人合一，才得以和谐安康。

神话中，两位天神的你死我活，早已淡出人们的记忆，换了人间另一种好心情——辞旧迎新。

娜允古镇的一位老人，给我们讲起他年轻

❶ 水之舞
❷ 放　生

时过傣历年的情景。在傣历年来临前，娜允上、中、下三座佛寺的和尚，要互到其他佛寺献花。其后三天，孟连坝子的全体男女青年到各寨佛寺去献花。在长达一个月的时间里，每个晚上，各寨子的男子还要“朗光”，就是到其他寨子去，以敲象脚鼓跳舞祝贺新年到来。第五天各家各户扫尘，洗包粑粑的芭蕉叶，晚上开始蒸粑粑。小伙子们白天相约下河里捞沙，并将部分沙送到芒洪、贺嘎佛寺，这两个寨子的小伙子也回赠一些沙，以备堆沙用。晚上，小伙子用竹竿挑着牛铎，咚隆咚隆地摇响，念着歌谣到各家各户讨粑粑。“粑粑啊，上面那家送了，下面那家也送了，不管熟不熟都把甑子抬下来，多不给就少给点，别让爷们丢面子”。各家听到响

声，都会端出粑粑下楼来送给他们。

节日期间，每户人家带着儿女，提着水果小吃上门慰问寨里的老人，并接受老人的祝福。泼水前，先准备一桶桶清水，老年人与年轻人依次轮流用鲜花和缅桂花树枝互相洒水表示祝福。青年男女之间的互相祝福就不会如此斯文了，男青年到姑娘的家里去泼水，女青年到小伙子的家里去泼水，就是姑娘小伙子不在家，也要把她（他）的衣服泼湿，表示大家已经来祝福过了。傣家人通过泼水狂欢，尽情宣泄幸福的感情，用圣洁的水洗涤自己的心灵，以求得一生的幸福。

放高升时，上城和中城搭一个发射高升的台子，下城单独建一个台子，第一支高升飞上天时，各家的男主人要在自家的田里挖一锄头，然后回到高升场上来。意思是开个水口，预示着今年的农耕从此启动。

如果能在狂欢的泼水广场上抽身而退的话，你还可以与傣族百姓一道欣赏多姿多彩的傣族歌舞表演。在这个全民皆欢的喜庆日子里，能歌善舞的傣族歌手自然不会错过展现自己优美歌喉的机

傣历年菜桌

会。逢年过节，许多傣族群众都喜欢围坐在竹楼的火塘边，欣赏歌手一问一答地对唱。而村寨中的年轻人，则不谋而合地聚拢在坝子上，跳起欢乐的孔雀舞或象脚舞，载歌载舞，欢庆佳节。

此时的南垒河上，龙舟正划得热火朝天。赛龙舟在傣族地区已有2000多年的历史，虽然是一种娱乐活动，但在傣族人民的心目中，却有惩恶扬善的寓意。傣家人的龙舟是采用热带雨林中的参天大树制成的，一般长十多米，一支龙舟十几个人划。待村中的长者进行完请寨神仪式后，龙舟就可以下水一展身手了，这可是傣历新年节日活动中场面最壮观、最激动人心的一项活动。选手们在急促而充满节奏的鼓点指挥下，齐心协力划着独木舟，在震耳欲聋的鼓声、水声、呐喊声中，奋勇争先的场面，把泼水节的欢腾气氛再次推向了高潮。

经历了一天的泼水激情后，天色已近黄昏，这时人们来到水面广阔的河边放孔明灯。孔明灯是用白色的棉纸裱成的，可折叠起来，方便搬运。球体的下部，用麻棉线扎成一个约一尺的圆环，上面浸饱牛油，里面还藏有爆竹，这样在孔明灯上升的过程中，每隔一段就会发出一串串声响。点燃棉环后，热气把灯充满，灯也就随之自然上升，看着它慢慢地升起，在夜空里越飞越高，直至变成夜空中移动的一团红光、一点星光，仿佛把傣家人的祝福带到了天国。

步步高升

# 葫芦里长出来的民族

一会弯腰如插秧，一会仰首如摘葫芦，一会摆手如撒种，一会招手如收割，婀娜多变的身姿艺术地展现了拉祜人劳动的欢欣和喜悦。

歌声和着舞步，一直从茶林飘扬到白云之上。常年在风雨中奔波的人们，如此尽情地欢乐，如此简单的幸福，让我们的灵魂回到了人类的最初，对大自然的感恩之情油然而生！

说葫芦之前，先说拉祜。

在孟连苍莽的群山上，一个个竹林掩映、流水潺潺的村寨里，生活着一个“葫芦里长出来的民族”——拉祜族。在拉祜语里，“拉”是老虎的意思，“祜”是烤肉的意思，在火塘边烤老虎肉吃的民族，是一个猎虎的民族，是一个勇敢而朴实的民族。他们原本是青海和甘肃的古羌族人，祖祖辈辈奔跑在山林里，一路狩猎游牧到孟连，并在找到的好地方停留下来繁衍生息，直到今天，直到永远。

孟连拉祜族平和无争的习俗值得细说。游猎族群生活的环境危险、物资匮乏。为了生存，必须紧密地团结在一起，共同打猎，均分猎物。哪家人没去打猎，只要狗跟去了，也会分到同样分量的猎物，收获甚微时也绝不会被遗漏。中华人民共和国成立后，拉祜人从原始社会一步过渡到社会主义社会。在水土丰肥的孟连垦荒种地，过起农耕生活，种植先祖发现的茶叶和传教士带来的咖啡作为经济来源，种植旱谷、红米、水稻作为主食。

拉祜人不仅平和无争，骨子里就单纯而快乐。穿着以黑色为主的服饰，吃着野菜和辣椒，喝着烈酒和浓茶，日子满足而快乐，山坡上的田地里、简陋的木屋前，总有悠扬婉转如诉如泣的歌声四处飘荡。节日多多，歌声热情，舞蹈奔放，少男少女的爱情像茶叶一样茂盛。

说到爱情，拉祜族是一个真正视爱情高于生命的民族，对爱无比的执着和热烈，到了视生命如鸿毛的地步。在拉祜村寨的周围，总会生长着一种叫“狗闹花”的剧毒藤本植物，入口毙命。当拉祜青年男女的爱情被阻挠、抗争无效、面临分离时，就共同吞食 “狗闹花”，牵手走向他们以为可以永远厮守的天国世界。

一个不惜用生命捍卫爱情的民族，却从不为昨天后悔，

❶ 拉祜民居

❷ 拉祜人的三跺脚

从不为今天感伤，从不为明天忧虑，从不知 “压力”为何物，更不知什么是“尔虞我诈”。该劳作时劳作，休息时呼朋引伴把酒言欢。上山如回家，游荡多少天也不会想家；在田地里干活，迎着风雨的都是欢歌笑语。他们的单纯是人生最高境界的智慧，他们的快乐是清除劳累和疲惫最便捷有效的工具，他们的节日是最高产优质的快乐工厂。

说到节日，就开始说葫芦了，先说说葫芦节的来历。很久很久以前，第一个世界末日来临，洪水淹没了大地，人类惨遭灭绝。一个葫芦在滔天洪水上漂来漂去，洪水退去后，葫芦留在了高山之巅。几只小鸟飞来，不停地啄食葫芦，不知啄了多少天，终于在农历十月初十这天啄开葫芦，里面走出扎迪和娜迪兄妹，就是拉祜人的祖先。为了繁衍后代，兄妹俩只好结为夫妇。后来，拉祜人为了纪念帮他们延续种族命脉的葫芦，每年十月初十举行隆重的祭拜仪式，慢慢发展成现在包含拉祜文化精髓的葫芦节。

刚到孟连那个冬天，我就带着强烈的好奇心和同事们一起去拉祜寨子过葫芦节。穿过幽深盘旋的重重山道，看见了竹林环绕的村落，远远就听见鼓声起起伏伏，心里兴奋不已。到寨脚下车，早有身着节日盛装的人们在迎候，妇女们身着黑色拉祜族服装，全身上下都缀满了白亮的银泡、银铃，举手投足伴以清脆的“丁零丁零”声。

❶ 姑娘今天嫁人啦

❷ 自己穿的衣服自己缝

我们被迎接到森林边的宽敞处，一个用青枝绿叶搭建起来的大凉棚翠生生地矗立在蓝天白云之下，进凉棚抬头看，棚顶挂着密密麻麻的葫芦，有的泛着青绿色，有的泛着金光，有的小巧可爱，有的硕大罕见，我一生看过的葫芦都没有这里挂着的多。一落座，就有一对拉祜妇女微笑着朝我们走来，一人端着一盆水，一人拎着一块崭新的毛巾，羞涩地对我说着我听不懂的拉祜话，不知该怎么办。同事们一边取笑我，一边让我伸出双手。拎毛巾的妇女便弯下腰，用温水浸泡过的毛巾来擦拭我的双手，虔诚而柔软，把我弄得不知所措。

原生态大餐过后，迫不及待地循着鼓声来到欢腾的舞场，全村老少和客人们早已围成一大圈，跳着拉祜摆舞。走近一看，人们围绕的是一个由葫芦和甘蔗、南瓜、稻谷等农作物组成的“丰收之堆”。一会弯腰如插秧，一会仰首如摘葫芦，一会摆手如撒种，一会招手如收割，婀娜多变的身姿艺术地展现了拉祜人劳动的欢欣和喜悦。歌声和着舞步，一直从茶林飘扬到白云之上。常年在风雨中奔波的人们，如此尽情地欢乐，如此简单的幸福，让我的灵魂回到了人类的最初，对大自然的感恩之情油然而生！

❶ 祈福舞

❷ 花儿与幸福

# 阿佤山寨新米香

人非草木，孰能无情。但在佤族朴素的世界观里，草木与人一样有灵魂，充满感情，知道疼痛，也需要人去珍惜它、疼爱它，使它像友好的邻居一般与人类和谐相处。佤族新米节想表达的是对养育自己的粮食的感恩之情，是对大自然的一丝丝愧疚，是他们最朴实的真情流露。

农历八月十五是中华民族的传统节日中秋节，也是佤族的新米节。

作为山地稻作文化的创造者之一，佤族在整个农耕的过程中，排满了各种各样的祭祀神灵的仪式。貌似尝新的新米节，不过是他们祭祀仪式的一种。

人们常说，人非草木，孰能无情。但在佤族朴素的世界观里，草木与人一样有灵魂，充满感情，知道疼痛，也需要人去珍惜它、疼爱它，把它当作友好的邻居和谐相处。佤族新米节想表达的是对养育自己的粮食的感恩之情，是对大自然的一丝丝愧疚，是他们最朴实的真情流露。

节日的头一天，我们如约而至。村村寨寨都沉浸在节日的欢乐气氛中，男女老少个个都打扮一新。第二天早上，身着节日盛装的主妇，背着背箩到地里取新谷穗。这不是普通

❶ 佤族新米节剽牛

❷ 佤族新米节祭祀活动

❸ 佤山孩子新米乐

意义上的谷穗，在他们的心目中是谷子的灵魂。每户人家都派出他们家庭的代表，怀着无比敬仰的心情，小心翼翼地去“请”。如果让谷魂受到惊吓而逃逸遁形，那他们今年乃至来年的日子都不会好过，即使有粮，那粮食的灵魂也不在了，吃下去也不能饱肚子。

为了不让谷魂受到一丝惊吓，去地里“请”谷魂的主妇，必须在背篓上面盖上毯子，途中也不许和人讲话。要别人不跟她讲话也不难，只要看见她的背篓上盖着毯子，就知道她在“请”谷魂，不同她讲话了。主妇把谷魂请回家里，放在铁锅里炒，

❶佤族乐队
❷喊谷魂
❸舂　米

谷子在锅里劈劈啪啪地裂开，新谷的香味飘出火塘，弥漫在山寨的吊脚楼之间。炒熟的谷子放在碓窝里，用舞蹈般的动作将新米去壳，在火塘的三脚上煮成饭。节日的菜肴有点特殊，是比较难得一见的酸笋煮松鼠干巴。

仪式很特别，吃饭前关上门，全家围坐在竹篾桌子旁边，谁都不许讲话，即使有人在外面叫也不许答应。不然，还要重新请一次谷魂，枉费了全家人对谷魂的敬意。饭前先祭祀祖先，由老人呼唤谷魂，感谢谷魂对他们年复一年的眷顾，原谅他们在收割时不小心弄疼了它，请谷魂永远与他们同在，保佑全家健康快乐。

大家屏声静气，让男主人先吃下第一口饭，其余的人才用最快的速度，赶快吃下一口。男主人见大家都吃了，仿佛松了一口气，满面笑容地打开家门，出去请亲戚朋友进家来，与他们分享新米，分享丰收的快乐，一起大杯地饮酒、放声地歌唱。

一家一户的新米节，不过如此，但千家万户的狂欢就热闹多了。多个山寨的人们聚在一起，举行剽牛仪式。剽

牛仪式开始前，大家围着水牛跳舞，跳舞的脚步地动山摇，山寨沸腾了，整个佤山也沸腾了。

新米节期间，村寨里的大榕树下举行各种传统体育比赛，摔跤、射箭……热火朝天。晚上，村寨里燃起篝火，大家围着篝火，在震天的象脚鼓点伴奏下，跳起了整佤舞。舞蹈艺术地重现了从耕种到收获的全过程。阿佤姑娘甩起的长发像熊熊燃烧的黑色火焰，把舞场气氛一次次推向高潮。

十五的月亮，高挂在大青树梢。月亮的清辉洒在欢乐的人群身上。

今夜无眠，我们挤在跳舞的人圈里手拉手，跳得这般忘我，如痴如醉。

# 尖头阿卡的美好家园

无论是过年过节、婚丧嫁娶，还是祭祀庆典，僾尼人都少不了以歌传情，以舞助兴。僾尼人所擅长的曲调丰富多样，有优美缠绵的情歌，有高亢嘹亮的山歌，有肃穆庄严的祭祀调，也有哀婉悲痛的丧曲，传统曲目的演唱内容涵盖了民族迁徙史、生产生活、神话故事、英雄传说和美好爱情。

这就是大山深处的尖头阿卡的家园——芒旧新寨，永远看不够，说不完，忘不了。

一片一片的庄稼地，一坡一坡的绿。顺着绿色里蜿蜒而上的山路走，路的尽头有鸡鸣狗吠催升的袅袅炊烟。炊烟的根，是坐落在半山腰的山寨，民居简洁实用，寨貌朴素大方，这就是尖头阿卡的家园——芒旧新寨。

这里的僾尼人自称阿卡，是哈尼族的一个支系，阿卡又分为尖头阿卡和平头阿卡。尖头阿卡，头饰上藤条或芦秆制作的底圈高于头部，芒旧新寨的僾尼人就属于尖头阿卡。芒旧新寨的尖头阿卡，在习俗、服饰等方面比较完整地保留了哈尼传统文化的核心内容。

经过漫长的迁徙，哈尼人的祖先沿着青藏、川康高原到云贵高原的澜沧江高山峡谷地带渐次下行，完成由游牧到农耕的转型后，就定居下来繁衍生息，形成了民族特点突出、地方特色鲜明、内涵丰富、形态多样的哈尼文化。这里的尖

❶ 激情四射
❷ 搭秋千

头阿卡，男子统称为阿力，女子称为阿布，至今还沿袭父子连名制，即父亲名字中的最后一个字，为儿子的姓，据说这是为了保持家族血统的纯正。

尖头阿卡喜欢住在半山腰上，远远望去，斑驳的古寨掩映在绿树丛中。清一色的干栏式木屋，披着灰黑色的陈年挂瓦，挂瓦上长着浅浅的苔藓，镌刻着古老的沧桑。走近细细观看，分为上下两层，上层住人，下层堆放杂物和圈养牲畜，这与尖头阿卡历代人畜共居的习俗和居住地区地面潮湿的自然条件有关。上层有卧室和厨房，楼外侧建有干栏廊道，可以乘凉观景、织布晾衣。房屋分为母房和子房，两层干栏式木屋称为母房，通常在母房旁边建一间简易的小房子，叫子房。尖头阿卡男子小时候随父母住在母房中，长到十五六岁时，父母就在母房周围为他们建盖子房，方便他们谈情说爱、建立小家庭。父母在世时，儿子、儿媳及他们的小孩都住在子房里，吃饭则到母房中，父母过世后，长子一家可迁入母房继承家业。

过去尖头阿卡极少外出，与外界交往也不多，自给自足的自然经济基本满足了当地人的生存需求，生活环境相对封闭，传统服饰保存比较完好。以棉、麻为主要材料，自己种棉花，自己捻线、织布、煮染、缝制衣服，缝制一套衣服需要半年以上的时间，制作工艺繁杂。男子多穿对襟上衣和长裤，妇女多戴镶有小银泡的帽子，穿右襟无领上衣，衣服大襟、袖口镶上彩色花边，胸前挂成串的银饰，腰系用彩珠串成的腰饰和镶有贝壳的腰带和及膝的百褶裙，绣花护腿。妇女可在服饰上区别是否已婚，女子 18 岁以下都戴平头帽子，18 岁以上改为尖头帽子。

尖头阿卡女人爱美，无论穿什么质地的衣服，都要佩戴装饰。她们一生共有5套不同的服饰，幼儿头饰品较少，未成年女孩开始用芦谷米、银饰、彩色羽毛来装饰，17岁后开始戴自己亲手做的饰品，头饰最丰富，材质多样、色彩浓烈，多将金龟子和骨签佩在帽子上，金龟子和骨签越多，爱慕的人就越多。婚后随年龄增长而逐渐减少金龟子、骨签等饰物，进入老年则只剩下彩色串珠、银泡等简单饰物，以示素雅、庄重。尖头阿卡的服饰，既是地理环境的折射，也是社会身份和角色的标志，是尖头阿卡传统文化的精髓所在，承载着极其丰富的文化信息，构成展示和追忆尖头阿卡甚至哈尼族祖先迁徙壮举、英雄业绩的物化载体。

除了服饰，尖头阿卡也保留着传统婚俗。自古就以自由恋爱和父母做主相结合，男女双方交往一段时间，有了感情以后开始幽会。幽会的地点多在小伙子房中，情投意合后男方会将自己精心雕刻的一对骨头制品送给女方作为定情信物，而女方则会把自己亲手编制的彩穗送给男方。到谈婚嫁时，

① 阿卡山寨

② 阿卡子房

男方家请能说会道的搓卡（媒人），与女方家所请的搓卡（媒人）在约定好的地点商谈求婚事宜，男女双方以交换银手镯作为订婚信物。男方家再次聘请搓卡（媒人）选择吉日到女方家中拜见女方父亲和兄长商定结婚的日子，婚事就算定下来了。最后是举行婚礼，日子多在春耕以前、秋收以后农闲时期。举行婚礼时，男女双方都要杀猪备办酒席，招待亲朋好友。新郎家还要组织一支由歌手和未婚男女青年组成的迎亲队，准备迎娶新娘。新娘家则早上杀一只母鸡、中午杀一头猪，专门为新娘饯行。第一口让新娘品尝，新娘在伴娘的陪同下，梳洗打扮，穿上结婚礼服，等待迎新队伍。新郎家的迎亲队出发以后，便要放声高歌，由阿秋咕阿达（男歌手）或阿

1 取新水
2 背新水

秋咕阿麻（女歌手）先唱迎亲调。新娘出嫁时娘家人会在竹篮里装上谷种、一个猪头、四只猪脚、两个糯米粑粑作为礼品带到男方家，等婚礼结束后新郎新娘一起栽种谷种，寓意男女双方合成一家人。尖头阿卡人结婚 7 天后，男女双方才能同房，从结婚当天晚上开始，新郎就住在子房里，而新娘则住在男方家的客房里，待 7 天后新娘才从客房搬到子房中与新郎同房。

婚后的第二天，新娘要在新郎亲友的带领下，到村寨专门指定的水源地背上三竹筒水，称为“取新水”，由新娘亲自生火，做一顿早饭让公婆品尝，席间给男方父母敬酒敬

爱尼人家

茶，算是拜见男方父母，而女方请来的搓卡（媒人）则会把女方陪嫁的银子等物品让男方父母清点。两天后，由女方家长挑选吉日让新娘回门，让女婿认岳父岳母，婚礼到此方为结束。

无论是过年过节、婚丧嫁娶，还是祭祀庆典，都少不了以歌传情，以舞助兴。僾尼人所擅长的曲调丰富多样，有优美缠绵的情歌，有高亢嘹亮的山歌，有肃穆庄严的祭祀调，也有哀婉悲痛的丧曲，传统曲目的演唱内容涵盖了民族迁徙史、生产生活、神话故事、英雄传说、美好爱情等。尖头阿卡人最具有代表性的舞蹈有竹筒舞、拉线舞、东巴嚓。竹筒舞是尖头阿卡人的主要传统舞蹈，主要表现了本民族的信仰、生产劳动、民风民俗等内容。拉线舞来源于尖头阿卡人的生活、简单的劳作。尖头阿卡舞蹈没有经过刻意的雕琢和修饰，就能让人们体会到尖头阿卡人生产生活中积淀下来的原生态文化艺术。

有客远来，寨子里自发组建的文艺队便会敲起鼓，就会拿起竹筒、跳起竹筒舞热烈欢迎客人，倒出清香的热茶，帮你驱去一路的风尘。席间，自酿的白酒盛满酒杯，山野果、花生、果蔬摆满桌子，摆上烤肉、烧肉、风干肉、腌肉。还有各种包烧竹虫、包烧小河鱼、包烧蕨菜，制作手法不同，味道各异，保证让你吃一次就会爱上它。不管是日常用餐还是招待宾客，餐桌上都少不了一碗“阿卡蘸水”，蘸水是用当地野生的各种香料、野菜制作出来的，味道非常独特。在阿卡山寨，流传着一

阿卡佩饰

织

句谚语：“会动的都是肉，绿的都是菜。”就是阿卡美食的生动写照。

阿卡人一年中要过嘎汤帕节、蚂蚱节、秋千节等 9 个节日，可以全方位地感受阿卡人的传统文化和生活现状。其中较盛大的是秋千节，又叫耶苦扎节，多在农历七月过，具体时间由寨子里的老人挑选一个属龙、属马或属虎的日子举行，节期 4 天。秋千节，顾名思义，就是过节期间要打秋千，意寓迎接秋天，企盼收获。节日里，停止一切生产劳动，杀猪宰牛会餐，最重要的活动是荡秋千比赛。在一块平地上，四根碗粗的树干搭在一起，中间拴上一根横木，横木上面拴上一束树藤作为秋千绳。秋千搭成后要进行祭祀仪式，请寨中有名望的老人念吉祥语，祈求来年风调雨顺，生活步步高升。仪式完毕后，男女老少一哄而上争当第一荡秋千的人。秋千

绳的末端是一个环扣，可以把一只脚踩在上面一个人荡，也可以拴一根木棍，两个人荡。尖头阿卡人认为，秋千荡得高，一年无病无灾，日子红红火火。在外人看来荡秋千是需要勇气的，没有足够的勇气是不敢在“简易”的秋千架上飞来飞去的。不仅需要勇气，看似简单的荡秋千还需要技巧。掌握要领，才能越荡越高，就像人的一生，落向低谷的时候不能气馁，而是要鼓足勇气，加劲再往上荡，荡得越高才会拥有更大的空间、更多的发展机会。荡秋千，也是对尖头阿卡人乐观、勇敢、智慧的民族精神的高度概括和全面阐释。

这就是大山深处尖头阿卡的美好家园，永远看不够、说不完，也忘不了。

1 阿卡人的迎宾舞

2 竹筒舞

阿卡之春

# 佤族女儿国

芒信镇海东村不仅自然风光秀美，如梦如幻、旖旎静谧，更因当地古老原始的社会形态，和至今保留着淳朴独特的种种奇风异俗而闻名于普洱市内外。世居山谷的海东村阿佤人至今生活在以女性为轴心的母系民族大家庭里，着实让人感到扑朔迷离，充满了神秘的诱惑，成为孟连县境内绝无仅有的一朵奇葩。

## 穿花短裙的男子

最先看到穿花短裙的佤族男子，是在一张民族学专家到海东考察时拍摄的照片上，一个身材健壮的男子，嘴里叼着烟锅，表情凝重地站在一根雕刻着图案的剽牛桩旁边，上身袒胸露怀，下面穿的是自织的花条短裙。发型也很特别，脑袋中间留一溜一寸左右宽的头发，两侧却剃得精光。

我的第一念头，就是要马上找到这个村寨，赶紧与照片上的男子聊一聊，从他山梁样发型的脑袋和叼着烟锅的嘴里，一定可以挖出许多我感兴趣的故事。

海东佤族寨离县城20多公里。海东故事的情节，一如许多民族的迁徙故事，一位首领带着他的子民，跋山涉水，不辞辛苦地去寻找宜居的家园。无意中，首领的拐杖从土里拔出来时，地下涌出

佤族寨子

一股清泉，喜悦之余，他们决定在此安营扎寨，休养生息，子子孙孙繁衍至今。

海东迁徙故事的不同处，在于他们的首领不是男性，而是一位名叫伢罕的老祖母。他们原来居住在佤山深处，因为不堪其他部族的欺负，伢罕决定带着她的子民，随着迁徙的人流，沿着南垒河谷向下游迁徙，去寻找一片没有战火烽烟，平安幸福的乐土。部落中有位母亲快分娩了，全部落的人都停下来等着，伢罕手中那象征着部落首领大权的拐杖，落地有声，清泉从地下喷然涌出，让全部落的人大喜过望。呱呱落地的新生命，一如电器充了电般，给疲惫不堪的人们注入了正能量，传递了无限的希望。伢罕做出了一个大胆的决定，不再追随迁徙的队伍，就在此建立村寨，并在泉眼旁边种下一棵大青树。

如今，那个承载着海东历史的泉眼旁边，长着一棵枝繁

穿短裙的佤族汉子

叶茂的大青树，发达的根系隆出地面，并向四面八方伸展，一如海东的后裔向外扩展他们的家园，到现在已发展成到大大小小十几个寨子。

但不管他们搬到哪里建寨，一如分辨大象和马鹿一样容易，人们只看一眼，就很容易地把他们与其他地方的佤族区别开来，因为他们的穿着打扮太明显了——男人穿花短裙。

这是一个以老祖母为核心的氏族，妇女在氏族里的重要地位还远没有被男权所动摇。这里还没有那种在佤族村寨中普遍流行的父子连名制。在这个充斥着女权的佤族的女儿国里，首领是女的，族中大事，妇女们说了算，家里的大事，老祖母说了算。

凭借权杖的力量，财产继承权属女不属男；男子婚后一律上女家做姑爷。男人生前穿裙子，死后的随葬品中有一条裙子是必需的。裙子是海东佤族身份的标志，没裙子的男人祖先不认，根本进不了祖先的国度。

干栏式的吊脚楼，错落有致地散落在山坡上，在早晨飘过的云雾中时隐时现，远远望去，有如旷古洪荒中的一个原始聚落，自然地把我们引进了神话般的梦幻中。

海东佤族吊脚楼的构造，与傣族传统的竹楼十分相似，栽若干木桩，顶端保留树杈，用以托梁，房顶盖挂瓦，楼分上下两层，楼上住人，楼下饲养猪、鸡、牛，楼梯很特别，用一棵合抱的大树，劈成两半挖空做成，看上去就像一个大木槽。

拴剽牛

室内不分主间与客间，一个长方形大厅，内设主火塘和鬼火塘。主火塘日常生火煮饭用，鬼火塘平时不生火，家里死人或做鬼时才用。主人介绍说，火塘左边是妇女的席位，右边是男人和客人的座位。我们按照他的吩咐落座，目光却在四处浏览，上火塘上悬挂着竹子做成的架子，挂着肉，摆着辣子，成串的鸡卦骨挂在上面，看得出主人家占卜的次数还不少。房内左右各有一道门，右为火门，为平时进出的门户；左为客门，通向晒粮的竹掌子。女主人正在竹掌子上，腰上绑着长长的五彩线，用腰机织花裙子。

照片上的男子岩说，他们只会打猎，用点种杆在地上戳洞播种，不会纺线织布，巧手的妇女让他们穿上花短裙，他们心里已经很知足了，他们还会拒绝这样的好意吗？

## 刻在头上的法规

岩说，海东男子的山梁发型，是把古老的法规刻在头上，

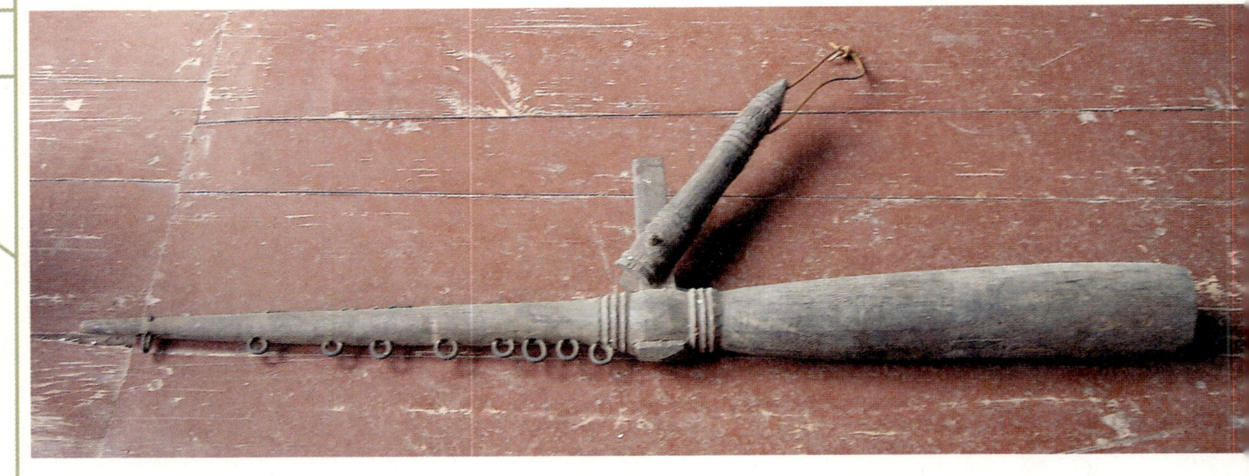

将祖先的警示一代代传扬下去。

佤族的先民是生活在中国西南部的“濮”部落的一支。汉代开发西南设立永昌郡，郡内就有许多濮人的部落。佤族最早种植山地稻谷和茶叶，也是木本棉花最早的种植者。佤族传统耕作形式，以轮歇耕作山地为主，也就是所谓的“刀耕火种”。他们以种1年，抛荒5年、9年或11年后再重复的方式种植轮歇地。过去没有文字的佤族，除了以刻木结绳记事外，更把一些与氏族生死攸关的“法”刻在醒目之处。

我看到照片上那根木桩。在我眼里，那是一件非常难得的木雕艺术品。岩说这是剽牛桩。他指着火塘旁边的水牛头骷髅说，牛头的多少，显示了这家主人的富裕程度。剽牛时，牛主人家先留一条后腿，再按过去别人家剽牛时送给自己家的数量还回去。牛头放到鬼火塘旁边，剽牛桩雕刻好后，等远处的亲戚和寨人到齐，就举行栽桩仪式。

剽牛桩的栽立位置，是在剽牛人家进门处左侧，位置特别醒目。栽桩的时候，要在剽牛桩左侧，插一支长矛，下面插一把长刀，把牛头挂到牛角样的桩上端，再挂上拴牛的牛皮绳子，由“达卯”主持祭祀。主祭者和参祭人员面对剽牛桩，轮流分别用一杯水

海东佤族的秤

酒浇在桩下，然后说一些吉祥祝福的语言，祝福主人家米多多、牛多多，福气大。

木桩上端像牛角，从上而下绘刻着先祖的眼睛、星星、太阳、月亮、裙带、蜘蛛、篱笆和花短裙。这些文化符号，究竟要传达给后人一些什么样的神秘信息，我们很难领悟，也琢磨不透。

但山梁发型是可以向外人道的，砍伐轮歇地时，绝对不能砍山梁中间的树木，只能像他们的发型样，在梁子两边开垦。山梁上的树是防火的隔离带，也是保护水源的森林。

这种耕作方式与他们居住的环境有密切的关系。佤族大都居住在陡峭的高山之巅，几个自然村散落在半山腰上，形成一个个聚落。在这些村寨之间，是成片的参天大树和竹林，这里是树神“岗”居住的地方。神树居住的林子，在阿佤人心中神圣不可侵犯，即使树木自然枯死，一般的人也不能去砍来用。

佤族除了神林不砍外，还规定水源林不砍，路边的树也不砍。每年头人都要组织所有的人修路，通往县城的路称“官路”，由各寨分段完成，不仅路边的树枝繁叶茂，每隔几里还有一棵大榕树，为路人遮出一片阴凉。所以，过去尽管刀耕火种，佤族聚居区总是古木参天，葱翠苍茫。

我们到海东的季节，已经错过了真正的“刀耕”和“火种”，只能听他讲述“神灵治理”时代的做法。今年要种植的土地，头年的农历八月份就开始“刀耕”了。当头人们决定耕种某片已经丢荒了数年的耕地时，要用小公猪举行一次全寨性的祭祀；然后根据各家人丁多少、劳力强弱，给每家分配小块土地，再由各家用马鬃蛇的头和血祭祀自己的地魂。寨祭和家祭都结束后，统一组织全寨性的伐木和烧地。

生存的不易，更容易使佤族抱成团。一家播种，众人帮忙，一家盖房，全寨都上，更别说是砍伐荒地这样大型的劳作了。经过数年的丢荒后，地上已经长出了碗口粗的树和茂盛的草。他们合力砍伐，把本来十分繁重枯燥的劳动，变得像过节一样轻松热闹。经过砍伐，地面上堆积起厚厚的草和树。这时放火烧荒，只能烧去很少的一部分。

他们就在这些堆积物上，播下小饭豆的种子，小饭豆的个儿，比绿豆大一点，颜色大多是赤色的。种子从杂草树枝中间滑落到地上，生根发芽，伸展出长长的藤子，结出一串串豆子。四个月后，收获的小饭豆不仅能与大米混合，成为他们餐桌上的美食，它的根瘤还能为土地增加肥力。

收获了小饭豆的地，经过一两个月的翻晒，头年砍倒的树枝杂草越来越干。达卯和头人择选吉日，像先前一样以一头小公猪献祭树神和众精灵，告知它们说：“树神和众神啊，我们已经得到你们的默许，今年决定在你们的这片家园播种五谷，现在即将烧地，请你们安然离开，别让火烧皮，别让刀砍手，离开，离开，快快乐乐地离开，安然无恙地离去！”

祭祀完毕，头人敲响那鼓面铸着四只青蛙，中间闪着太阳光芒的铜鼓，全寨男女老少带着工具，把方圆一二十里的大片土地围住，在四周铲出十几米宽的防火道。然后，挑选强壮的男子，以一个角为起点，向相反的方向点火，直至最后相遇。一周后，被大火烧过的土地上，只剩下一片已经冷却的灰烬。人们相约来到地里，互相帮着，在每家地里盖一间茅草顶的窝棚，供以后干活时休息用。他们挖出没有烧净的树桩，修整好土地，等待布谷鸟催耕，雨水落地，便开始播种。

刀耕火种并不等同于乱砍滥伐，所有的轮歇地都是按计划耕种或丢荒的，而所有的耕作程序都是固定的，以至他们可以用种哪块地来计算一个人的生年和岁数。这种记生年的办法，不仅仅在佤族中，在其他山地民族中也通行。

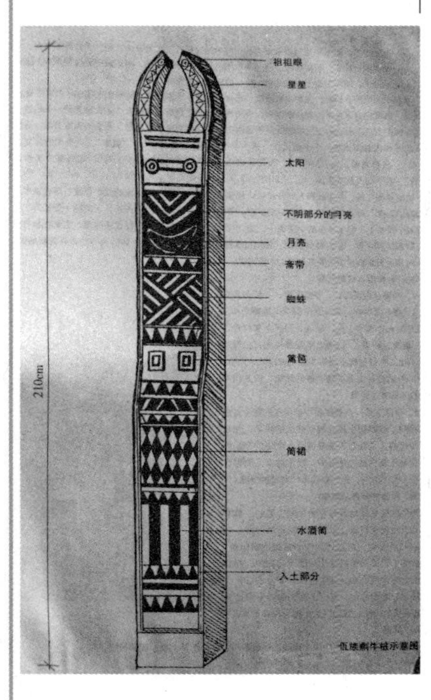

佤族剽牛桩示意图

海东佤族的剽牛桩示意图

## 通天神器

过去的佤族社会没有法律，但绝不是无序的社会，这是个精灵满天飞、满地跑，又被神灵治理的世界。日月星辰、风雨雷电、草木鸟兽、山脉河流，甚至房屋工具，都有一个特定的精灵寄附着。各种精灵都有不同的名称，它们各不相属，也没有具体形象。“郭若”是创造万物的神，它创造了动植物和人类，并赋予他们各种机能。“汪若”是每个家里供奉的神灵。寨子的头人则半人半神，是人与神沟通的中介，“达卯”的使命，就是事事之前卜卦、祭祀，协助头人治理村寨。

那个年代，每个佤族寨都供奉着木鼓，这是他们通天的神器。子宫一般的鼓腔里，居住着神灵，保佑着村寨人丁的兴旺。如果灾难频繁，人丁骤减，百姓就会惶惑不安，达卯的卦里也会显示：木鼓衰老了，眼也花了，耳也聋了，无法再保佑寨子多生多养，也无法将人类的声音，准确地传达给天神。这时，他们就要拉一只新木鼓，请它向天神传达他们最诚挚的敬意，继续保育他们兴旺发达。

除了木鼓，还有一样神器也可通天，那就是土鼓——根叠。在旱灾严重的五月，我在海东见过。全寨在达卯的带领下，在寨

❶ 姐妹情深

❷ 笑脸上的远方

旁的平地上挖了一个肚大口小的坑，坑口蒙上一块剪成圆形的笋壳，巴猜拉动插在笋壳中间的藤条，经过土坑产生的共鸣，发出呜噜噜的响声。一个老人在一边唱着："天神啊！根叠把我们的祈祷传给您，我们渴望天河彼岸难化的冰块飞来化成雨，我们盼望天边美丽的云朵飞来播下雨，我们的这块地渴了，我们和牛马猪鸡也渴了，快分些雨水过来吧！"

在他们朴素的宇宙观里，天和地被天河隔开，天神不知道哪块地缺水，而土鼓能把人们祈雨的愿望传达给天神，让天神把天河彼岸的冰块或云朵分些过来，把雨水播洒在山间，滋润他们焦渴的土地。

## 点种竿之声

轮歇耕作要周期性地砍伐树木，而草木与人一样有灵魂，只是它们被天神剥夺了说话的能力而已。阿佤人为了保护山林，同时也为了减轻自己劳作时有损于大自然的罪恶感，每当进行耕作时，都要举行一系列大大小小的祭祀活动。

这时，达卯杀一只小公鸡，虔诚地蹲在地边祷告："请谷魂保佑岩家，让他家谷满箩粮满仓，谷子比南卡江的沙还多，比大海的水还多；请地魂多保佑，让地里只长粮，不长草！"边祷告边将鸡血洒在背箩里的种子上。

祭祀完毕，男子手持点种竿，女子背上装着谷种的挎包，离开窝棚，开始播种。一男一女，成双成对，男的在前，列成一排，用点种竿快速地在地上点个坑，女的随后成一排，往坑中撒谷种，从地脚开始，似两列横队向地头推进，播种的动作整齐合拍，就像在表演一种集体的舞蹈，场面令人精神振奋。

一种奇怪的声音在地里滚动，见我们四下寻找，岩笑着说：格龙摩倒农（点种竿之声透过森林回响）。原来，声音来自点种竿上端那两个半圆的孔，点种竿有节奏地与地面撞击，并上下摆动，与空气摩擦，发出一种有节奏的声音。十几个人以同一个节奏进行点播，所发出的音响

就似一个乐队在演奏。在这样的天籁之音伴奏下，以大地作舞台，以山梁上的绿树作背景，在蓝天白云下，播种的男女，笑容像山花样灿烂，刚柔相济的舞姿是那么的美，那么让人感动。

看来，在这样陡的坡上种庄稼，深耕细作并不明智，只能使用点种竿这样的工具。不然，雨水的冲刷，将导致严重的水土流失。这种耕作法，是佤族祖先在长期劳动中总结出来的，比较适应眼下的自然环境。

窝棚旁的祭祀还在继续，又杀了一只 3 岁的公狗。养狗并以狗魂作为地魂的牺牲，也是佤族的传统。达卯祭了地魂后，小公鸡和米煮成的稀饭也熟了，他与另外两个老人一起把稀饭吃了。按规矩，吃的人只能是奇数，不能是偶数。

做饭的也挺辛苦，煮了四大锅饭，煮了狗肉又煮猪肉（照顾那些不吃狗肉的人），还用莲花白、鱼腥草、野芭蕉花和各种香料混合，做成狗灌肠。两个小时后，种子播完，饭菜也弄妥了。孩子们抬出塑料水桶，让每个人把手洗干净。他们认为，脏手吃饭，会影响当年的收成。煮饭的分肉又分狗灌肠，忙得不亦乐乎。焖锅饭出奇的香，狗灌肠又鲜又辣，每个人都胃口大开。

播 种

回到主人家，水酒已经泡出来。在佤族山寨，喝酒之风十分盛行，成为一种礼节，无论节庆、待客还是大小祭祀，都离不开水酒，播种几块地，就得准备几坛酒。因此，有“阿佤迎客酒当茶”之说。岩说：“阿佤无酒不成礼，说了不算数。”

水酒先洒在点种竿上，后洒在谷种上，敬了劳动工具和谷种才敬人。敬人的顺序，依然是先女后男、先老后少。上火塘边坐着大、小三个女巴猜和妇女，下火塘边坐着大、小三个男巴猜和男子。男巴猜唱起了古老的歌谣，和者满屋。

## 火崇拜与钻木取火

家里的火塘是神圣的，火塘的火是家庭兴旺的象征。外人不能随便触动火塘、三脚和炕笆，在火塘边商议决定的事，如法律一样神圣，不能轻易改口。火塘自进新房生起火后，就要让火种保存下来，不得熄灭，除非举行取新火仪式时才可以灭火。平常不用火时，就用火灰把火炭埋起，用时再刨开加上柴吹一吹。

我的运气真好，在海东还看到了取新火的仪式——钻木取火。

从有了火石、火柴、打火机以来，这种取新火的仪式就渐渐淡出人们的记忆，只有老人还记忆犹新。过去，佤族认为，家里的火用了一年便成了“旧火”“烂火”，很容易成为“灾难之根”。新年伊始，就要更换新火。在取新火那天，各家浇灭旧火，铲除旧火。灭火的人由寨主派出，每家要给灭火人一碗米、一些盐巴和旧灰，由他送到取火的祭司家里。祭司带上鸡，随众拿起蜡条和祭品，一起到寨主指定的寨外山坳里，杀鸡祭祀，念咒祈求火神保佑，埋掉旧灰和鸡，表示埋葬了“灾祸之根”。

他们回到寨子，便举行迎新火的仪式。海东最智慧的老人忍着腰疼，指挥比他年轻的人来做这个仪式。先将狗尾巴树果的果毛揉细放入葫芦碗，用双脚压住葫芦碗，将一根扫帚苇秆的下端压于葫芦碗的内壁上，两手掌用力不停地旋转扫帚苇秆钻磨葫芦碗，几分钟后，葫芦碗里出现烟和火星，火星迅速点燃狗尾巴树果的果毛，取火者使劲吹了几下，便燃起火

苗，点燃干草和松明。

大家欣喜若狂，把取到的新火，燃旺成大火。达卯又念咒召火魂，念毕，各家取新火回家点燃自家的火塘。当晚，全寨男性又集中到寨主家庆贺新火诞生，达卯烧香、点蜡、念咒、招魂、卜卦，预报吉祥。村寨里鸣响土炮，吃祭火神饭，歌舞欢庆至深夜。

这与欧洲农民举行的复活节篝火会非常相似。复活节星期日的前一天，所有天主教国家都有一个风俗，熄灭教堂里的所有火，然后用火石和钢，或者用火镜点起新火。用这新火点起复活节的大蜡烛，然后，再用这大蜡烛点起教堂里所有熄灭的火。

虽然，这种充满了“辞旧迎新”色彩的取新火仪式，已经在此地渐行渐远，但是如果寨子失火，建新房前还得由达卯带领全寨人举行送鬼火的仪式。在用茅草做屋顶的年代，火灾发生的概率较大。如果不把“鬼火”的灵魂送走，人还是不得安生。因此，失火后，寨子里要举行送鬼火的仪式。念咒、杀猪、看卦后，全寨人进餐，太阳落山前，由达卯准备送火鬼的祭品。用一张野芭蕉叶，包上猪肉和内脏、饭、茶、草烟和一截燃烧的柴。

饭后，大家把全寨火塘浇灭，达卯和助手与几个半大孩子带着祭品来到山下大河边，把祭品扔进水里，然后由孩子将达

❶ 佤族楼梯

❷ 老祖母说去跳舞

卯身上的衣服泼湿，以截断火鬼的来路。返回时，要绕路远行，让火鬼迷路，找不到回去的路。等送火鬼的人回到寨子，再举行钻木取火迎新火的仪式。新火点燃后，各家各户用自己带的松明，将新火迎回家，点燃自家的火塘。从此，每家的火塘都不能熄灭，直到遇到火灾再次“送火鬼”，才能熄灭火塘。

全寨老少围着新火种点燃的篝火，喝酒狂舞，听老人唱古歌谣，讲述佤族先民取火的传说，向青少年传授防火知识。节日后的两天，全寨各家准备防火设施，挖水塘、砍竹筒、做竹梯，把盛满水的竹筒架在屋脊上，预防火灾发生。佤族祭祀火神的集体仪式，实际上也包含了防火教育的内容。

看着穿花短裙的男子忙来忙去的身影，在海东这个妇女备受尊崇的女儿国里，他们依然是这样的快活。已逝去了很多年，离我们非常遥远的人类童年剧，仿佛又在这佤族的女儿国里上演。

沧 桑

# 糯董，你懂的

西南边陲，群山怀抱、绿树掩映的糯董古村落里，拉祜人和景颇人，世世代代同生共营，相互依存。两种少数民族间相互通婚，结为血脉相连的一家。两种少数民族文化充分地交流融合，几百年之后，共同营造了这样一个和谐美满的小社会，成为当今世界民族团结发展研究的典型案例。

公信街通往糯董村的公路，在茫茫的群山中绕来绕去。车窗外的行道树往后飞，远处的山往后移，一山比一山绿，一山比一山有姿色。随车在满眼都是绿色的生态园林中飘移，塞外自然风光目不暇接，边地山寨风情美不胜收让人流连忘返、兴奋不已、依恋不舍，恨不能让司机停下车来，就此化为中间的一花一草。

车到糯董村外的山梁上，终于下决心让司机停车。下车远眺，美丽富饶的勐马坝子尽收眼底。头顶的天空无比的湛蓝，飘浮的几朵云，是哪个仙女绣在天幕上的白花。与蓝天白云相对的，是糯董的山，仿佛铺着一层厚厚的绿毯。阳光充足，空气湿润，气候温和，景色绚丽。

山寨散落在公园的几个角落，当缕缕炊烟从一间间竹楼里冒出来，山村生活的宁静与祥和的氛围就被无限地放大，

❶ 古茶新芽
❷ 古茶树下的拉祜人家
❸ 糯董寨子

放大为居民们追求美好生活的无边地图。只有当你亲自融入古朴神秘的山寨，隐藏千百年的传奇故事才会露出冰山一角。故事里，古老的民族文化和奇异的民族风情，汇聚成了一部厚重的糯董史诗，等待有缘人的如椽之笔。

最初，是一位叫大扎莫的拉祜猎虎英雄发现这里的好处：气候温和、土地肥沃、无人争抢。于是，放下猎枪、扯起草房、开荒种地，过起刀耕火种、半耕半猎的定居生活。他的追随者慢慢加入这里繁衍生息，人丁慢慢兴旺起来，寨子慢慢变大。慢慢地，好几十间竹楼连成了一大片，长成一个有好几百口人的大寨子。居民们想学着汉人给寨子取个好名字，但怎样才是好呢？要包含什么愿望呢？要纪念什么事迹呢？想来想去，这个好地方是那个叫大扎莫的先人最先发现的，也是他引领大家来到这里安居乐业的，就一致决定把寨子叫作“扎莫弄”，后变音为糯董，即大扎莫寨的意思。

拉祜人的祖先是游猎民族，生活环境极其艰难，生存条件十分恶劣。为了寻找到好的安身之所，多少代人不停地迁徙，途中常常遭遇各种危险，他们必须顽强地与洪水猛兽做英勇的斗争。恶劣的环境和残酷的斗争，也造就了拉祜人坚毅勇敢、勇猛无比的民族特征，所以拉祜人又被尊称为猎虎民族。

公路由西向东穿过糯董村的寨心，竹楼一间紧连着一间。公路两旁的竹楼看不出有什么不同，一眼望去，整个村落安宁祥和。下车和热情的老乡攀谈得知，以公路为界分为两个寨子，路的北边住着拉祜族，路的南边住着景颇族。不了解村史的人，

根本看不出来，更是难以想象——两个语言完全不同、生活习性不同、风俗习惯各异的边地少数民族，怎么会建造出一样的房子？怎么会过着一样的日子？其中的渊源，寨子里所有的老人都不清楚。

老人们只记得，老人的老人曾经讲过，很久很久以前，拉祜人的先祖就到这里生活了。记不得是之后哪一年，景颇人为了逃避仇家的追杀，整个部落逃到糯董。热情善良的拉祜人收留了他们，帮他们击退敌人，再帮助他们建造房子，分给他们土地山林。两个完全不同的族群，就这样开始了世世代代地同生共营、相互依存。两个少数民族之间相互通婚，结为血脉相连的一家。两种少数民族文化充分地交流融合，几百年之后，共同营造了这样一个和谐美满的山村小社会，将是当今世界民族团结发展研究的典型案例。

现在，景颇人的生活习俗基本跟随了拉祜人，包括婚丧嫁娶、节庆、生产生活。或许，他们是为了感恩拉祜人对他们的收留和帮助。但景颇人并没有忘掉自己的根基，仍然保留着本民族传统文化的核心内容：语言和宗教信仰。例如，景颇人认为人有可以分离的肉体和鬼魂，推广去看，日、月、山、水、鸟、兽、虫、鱼、雷电、巨石、大树等也和人一样有实体和鬼魂。在这些鬼魂中，有

的造福于人，有的专门降灾祸于人，人们的生、老、病、死和生产能否取得好收成，六畜是否兴旺，人丁是否发达等都受到鬼魂的支配，景颇人对鬼魂既崇敬又畏惧。每年的春播、秋收、冬藏之前，也要先祭鬼。当人生病时，就得请“努向董萨”（专门看鬼者）打卦，确定是什么鬼咬着，应当用什么牺牲去祭献，然后病人家属即准备牺牲，请除鬼的“董萨”为病人驱鬼。“董萨”是掌握本民族神话、历史知识的权威，也是景颇文化的保存者和传播者。

糯董附近，长着几十棵生长年代比较久远的古茶树。问起古茶树的历史，寨子里谁也不清楚它们是什么人、哪个年代栽种的，至今究竟生长了多少年。答案还是“很久很久以前，大扎莫来到糯董山的时候，茶树就已经是这样的大树了”。据史料记载，孟连的拉祜族，是18世纪末才从澜沧一带迁徙过来的，迄今也就几百年的历史。从古茶树身上长出的“螃海脚”来看，树龄接近千年。说明在拉祜人来到糯董之前，糯董就有人类生活过，并且懂得种茶、喝茶。那么，在拉祜人到来之前，生活过又消逝了的，又是些什么人？他们的生活是怎么样的？他们到哪里去了？因为什么？部落征战还是瘟疫？

岁月太久，岁月的河流太长，现在的人们已经无法寻找糯董山古茶树的大事年表，更无从探知和重现糯董山上存在过的人类文明。今天的我们，坐在拉祜人家的客厅里，坐在西南桦树雕镂出的仿古茶几旁边，品味着糯董古树茶的清苦和回甘，随意地推演或猜想着糯董山的千年风雨，也算是对普洱茶文化的一种深度分享吧。

糯董村的拉祜人，一直延续着传统的生活节奏，保留着从老一辈人那里流传下来的生活习俗。

拉祜的节日

每年野樱花开的时候，他们就开始过“年”了。拉祜人本来和汉人一样，春节和过年是一回事。迁徙到这里后，发现这里的春天提前两个月，也必须提前两个月播种。每年的二月初，就必须开始播种旱谷，一旦错过了节令，当年的收成就没有保障了。所以，每年樱桃花开的时候，拉祜人敲响尘封了一年的木鼓，杀猪摆酒舂粑粑，吹笙打歌过大年。

糯董拉祜人的大年5天，小年3天。大年，杀猪摆酒，邀请亲朋好友和乡邻来家里做客，相互拜年，相互祝福；小年，舂粑粑、打陀螺、串亲戚。寨子里纵情歌舞，热闹非凡。妇女们吹着口琴、敲响木鼓，围成一圈跳起了摆舞；年轻人相约来到寨子外的大树下谈情说爱，小伙听姑娘吹口弦听得春心荡漾，姑娘听小伙说情话听得好像喝了迷魂汤；拉祜汉子吹起芦笙跳起三跺脚，跳起黄灰做得药。

过好年，拉祜人又要投入紧张的春播，播种新一年的希望，孕育新一年的美好生活。淋漓的汗水浇灌了脚下的沃土，善良的心里企盼着新一年的风调雨顺和五谷丰登。

喝了糯董的古树茶，喝了糯董的自烤酒，糯董的拉祜人和景颇人，你懂的。

## 祥和家园的情感环扣

千百年来，互帮互助为各族村寨编织了紧密而牢固的社会网络，“贺新”这样的小团体就是网络中的环扣。“宾弄塞嗨”是傣族与其他民族之间，以生产生活、经济往来相互需要为起因，以家庭为单位，自发结成的族际交往模式。各民族相处得就像兄弟，像亲戚。这种互惠互利的关系，就像充满情感的环扣，一扣扣连接，一丝丝相系，建构成孟连祥和的民族家园。

就像一棵结满果实、枝繁叶茂的大树，对鸟儿具有无法抗拒的吸引力一样，村寨对于村民来说就是那棵建巢的大树。如果说，大树能让鸟儿居食无忧，为小巢遮风挡雨，为个体扮演角色、抒发心曲、联络感情提供舞台，是鸟儿们获得快乐的源泉，那村寨不过是地球上原生态的另外一个版本罢了。

各个民族村寨大同小异，既有水源、山林、土地、墓地等赖以生存的物质资源，又有寨心、佛寺、教堂等寄托信仰的精神殿堂。村寨既是村民筑巢的安乐窝，也是向村民输送快乐的老家。你如果没有踏实地在一个村寨待上十天半月，是无法体验到村寨给每个人所带来的幸福和快乐的，那些温馨的情感又是如何环环相扣，从内而外地辐射到各民族之间，编织出孟连各族兄弟乐居的祥和家园。

在漫长的岁月长河中，在大自然无比强的威力下，人类以个体出现时，像鸟蛋一般单薄，不堪一击。大家必须抱团取暖，目标一致，同心同德，才能最大限度地避免被大自然的巨大神力吸卷进灾难的漩涡。村寨就是千百年来大家抱团取暖的成果和见证。

随我们走进一个傣族村寨，时间在傣历九月十五日（农历的芒种）至傣历十二月十五日（农历的寒露）之间。这3个月是佛教的“雨安居”，傣族习惯叫它关门节和开门节。

将看不见的时光，用一道门分开，这需要特别丰富和诗意的想象力。看似平常的日子，被一道想象中的“门”隔开了，门外随意而悠闲，门内则专注而繁忙，这不得不让诗人也佩服得五体投地。

在关门节这一天，各寨的人们都要到佛寺举行盛大的祭祀活动，向佛像、佛僧们奉献各种美味食物、鲜花、钱物，在佛寺里听和尚们念经，祈求佛祖的保佑。晚上，老人们在

佛寺里住宿，以便次日早早地起来修禅听经。

在关门节的3个月内，人们不出远门，要认真地赕佛，修身养性、辛勤劳动。在这期间，青年人不能谈恋爱，也不能结婚，由此表示对佛祖虔诚，自觉地接受佛教对行为规范的约束。老人们每7天一次，到佛寺里修禅听经，3个月一共是13周。

为了让老人们能够一心一意地修行，村寨里三五户、七八户不等的人家，自愿组合成13个小团体，每周为老人们提供免费的餐饮，以此表示全体村民对佛祖的虔诚和敬意。

这种小团体，傣语称之为"贺新"。"贺新" 产生于村寨初建佛寺时，团体内实行的是绝对的民主，头儿轮流做，经费平均摊，不仅每周分别为佛寺里的老人提供餐饮，而且各团体还轮流做东，宴请全寨村民，以聚餐联络感情。

回俄村傣寨——"宾弄塞嗨"之源

“贺新”的功能，不仅仅是吃饭那么简单。它作为组成村寨的一个个“细胞”，关联到村寨里的每一个家庭与个人。它的健全与否，与村寨的兴衰息息相关。村寨可以将集体事务摊派给各个“贺新”，由“贺新”带领小团体内的成员去完成。在修建村寨围栏、保护村寨的地界、修筑村寨的桥梁道路、修筑堤坝水渠、开山种地、打扫卫生、祭祀神灵等时候，每个村民必须毫无怨言地尽到自己的责任与义务，这种传统一直保留到今天。

村民无论富贵还是贫穷，皆一视同仁，即使是孤寡老人，也同样得到村寨里的照顾。团体内有人遇到困难，其他人都有义务去帮助解决。在耕种和收割的季节，团体内的成员互相帮忙，今天集体帮一家，明天再帮第二家，这样，在很短的时间内就可以把圈里的农活干完。因此，在傣族的家庭中，劳动力的多少或有无，都不会影响到这个家庭的生存和生计。

平时村寨里一家有事，每家都要出人来帮助，往往一个家庭建房，全寨都会去帮他把房子建起来；遇到哪一家有人去世，全寨人都要去帮忙，从去世之前直到这一家的丧事办完。

❶ 欢庆边交会

❷ 民族团结之舞

开门节一般来说，比关门节更隆重。相传，佛祖到西天讲经3个月后，十二月十五日这天返回人间。届时，各村寨男女老少穿红着绿，青年人准备好各种供品，敲锣打鼓到佛寺里敬供，欢迎佛祖归来。

这一天，是人们3个月修行生活的结束，同时也是一年中农忙季节的结束，农闲生活的开始，人们的心情自然不一样。这时雨季和农忙都过了，人们便忙着筹划起房盖屋、娶妻嫁女、走亲访友、出门经商等事宜了，这时来到傣家村寨，又是一番热闹而祥和的景象。

这一天，家家户户都杀猪杀鸡，准备丰盛的晚宴。村民们首先要到佛寺里举行盛大的祭祀活动，把准备好的美味的食物、鲜花、钱等奉献给佛寺，然后听佛爷念经。上了年纪的善男信女，一整天在佛寺内听经，对佛祖、佛法、僧侣、父母、师长、佛塔、菩提树忏悔。年轻人到佛寺拜佛、滴水、敬献饭菜，晚上举行盛大的娱乐活动，放自制的火花，跳孔雀舞、马鹿舞和白象舞。

为纪念佛祖巡世，孟连在每年开门节期间要举行“汞礼洼”活动。届时，全县的大小僧侣集中到金塔，赤脚持钵排成一行，从金塔出发沿街化缘。队伍前面是敲锣打鼓、吹号举旗的白衣男性老人，随后是披黄色袈裟的化缘僧侣，道路、街道两旁排着等待布施的群众。路中间白色和黄色所构成的庄严，与道路两旁施主五彩缤纷所渲染出的热烈，形成强烈的对比，但又是那么的和谐，给人视觉和心灵的冲击与震撼。化缘的僧侣中有许多是外地来的，有澜沧县勐宾和上允、西盟县勐梭、勐海县勐满等外地佛寺的僧侣，这些地方过去属于孟连宣抚司署管辖。

在傣族节日中，在一次次的佛事活动中，诵经、赕佛、浴佛、抄写经书，年复一年地进行着。傣家不分男女老幼、贫富贵贱，全部都参与到这种精神世界的膜拜中来。他们相信，人人都诸恶莫做，众善奉行，必定社会和谐、国家安宁。他们就这样乐此不疲，在神圣与世俗的融合更替中，享受着属于他们的精神世界与世俗岁月。

开门节以后，村寨中不同群体的聚会更加频繁，不同年龄、性别和社会圈子，会自发地形成一些小群体。比如女性的群体，就有少女、少妇、大妈、阿婆、老祖母等群体。她们常常聚在一起，凑钱买同一色的衣裙，从来不怕撞衫，用强大的自信心将群体秀成一道风景线。她们排练几个节目，赶摆的时候去露一手，以增加集体的自信心和荣誉感。本寨或其他寨子有赕佛、上新房等喜庆活动时，她们去表演几个节目，除了增加欢乐的气氛外，还会有一定的回报，为群体的小金库积累些数额。小金库的钱积累多了，可以为群内的人再添置些衣裙，或作为外出旅游的包车费用。小群体的人们常常相邀聚在一起，大家出钱购买食物，然后聚在一家吃喝玩乐。在这个过程中，人们其乐融融，说说各种消息和打算，晒晒各自的收入，秀秀自己的厨艺，大家一起分享了喜悦与收获，从中获取了正能量，感情更为融洽了，平日所遇到的一些小矛盾，也可以得到调解。在村寨里，每个人都充分地享受到作为一个村民所拥有的权力和利益，享受宗教节日活动带来的快意及感受。

这种村寨内部集体一致性较强的传统，不是傣族社会所独有的，在佤族、拉祜族、哈尼族等村寨中比比皆是，只不过方式不同罢了。

如果说千百年来，互帮互助为各族村寨编织了紧密而牢固的社会网络，那么，“贺新”这样的小团体就是网络中的环扣。它用特殊的方式，维系着人与人之间的社会关系与社会和谐。时至如今，孟连也把“贺新”这种传统模式，推广到其他民族村寨，甚至更远地方，取了一个好听的名字——班户联建。

❶ 民族团结碑

❷ 景信傣家特色村泼水广场大门

节日期间，傣族村寨会把象征最高礼节的腊条，送到其他民族村寨去，邀请佤族、拉祜族、哈尼族、景颇族、傈僳族等村寨的“宾弄塞嗨”（亲戚一样的朋友）来与他们共享快乐。

“宾弄塞嗨”是傣族与其他民族之间，以生产生活、经济往来相互需要为起因，以家庭为单位，自发结成的族际交往模式。

长期以来，要想在边地恶劣的自然条件下生存，光是在村寨内部抱团取暖是不够的，村寨与村寨之间，不同民族之间，只有抱团取暖，互通有无，才能抗拒大自然的淫威，让族人过得顺利一些。山区有水源、有牧场、有森林，坝区有水田、有市场，还有经商的头脑。加上山区与坝区耕种收获的时间差，那两者之间可以合作的空间，可以互通有无的方面，真是难以细数。

景信乡有个傣族村寨，虽然就住在南垒河畔，却缺乏优质的饮用水。山上有优质的水源，但拉祜族兄弟的水田也需要水。两个村寨坐在一起商量了一下，这位拉祜族兄弟决定不种田了，把水源让给傣族兄弟做饮用水。傣族村寨为了报答拉祜族兄弟，每年每户人家送一箩谷子给他。他高兴地接受了，两年以后，为了让这水能够长长久久供给够情够义的傣族兄弟，他又在泉眼旁边种了许多树，让那片水田变成永久的水源林，让两个民族成为永远的“宾弄塞嗨”。

年过古稀的波相三，是云南省傣族非物质文化传承人，家住娜允村五组。他家祖上是孟连宣抚司署的象官，与英山的拉祜族头人扎着，不知从哪代起，两家人就结为“宾弄塞嗨”。过去，娜允城里的傣族最伤脑筋的事就是放牛，不仅费工费时，而且到处都是稻田，没地方可以放牧。到了傣历 7 月，雨水下透了，坝区就要插秧了，这时需要水牛耕田，而黄牛却没有地方放牧。这时傣族就把黄牛送上山，让拉祜族兄弟帮忙放牧。等到打谷子时需要黄牛驮谷子，再把水牛送上山，把黄牛牵下坝子。这期间，拉祜族兄弟可以用牛耕地驮东西，还能得到一些粮食。帮他们放牛的人家，就是相互结为亲戚朋友的“宾弄塞嗨”。双方按不成文的约定，等母牛下了崽，傣族兄弟要两头，给拉祜族兄弟家一头。

有段时间，波相三和扎着两家一度断了联系，后来经过波相三一再打听，自己亲自到英山去找扎着的后人，这才把“丢失”了的“宾弄塞嗨”关系又接上。过年的时候，扎着的子孙来拜年，为波相三夫妇拴线祝福，给他们送来腊肉和粑粑。过泼水节时，波相三家请扎着家来做客。

波相三说，傣族有句谚语，竹子是一节节地连起来的，塞嗨是一辈辈传下去的。塞嗨胜过亲兄弟。这句话，真是把这种超越血缘的族际关系阐释得淋漓尽致。

南雅村的拉祜族称傣族兄弟为“哦措哦吧”，他们与娜允村的傣族，自古以来就保持着良好的关系。劳动生产互帮互助，建房时给予经济和人力的支持，过年、过节、结婚、上新房都相互邀请。南雅的地不够种，就跟娜允的傣族兄弟商量，要一些地来种，缺钱

❶ 泼水广场

❷ 景信傣家特色民居

❸ “宾弄塞嗨”同欢庆

缺粮时，也常常互相调剂。

洪安佤族寨曾经是末代傣族土司和夫人躲避日本飞机的地方，历史上这一带的佤族、拉祜族与娜允村各个组的关系非常密切。洪安佤族称傣族朋友为“泼力泼嘎泼容”。这种良好的关系一直延续到现在，傣族砍柴时，佤族、拉祜族来帮忙；佤族、拉祜族青黄不接时，傣族把米借给他们，等秋收时用玉米还；山区的民族上县城赶街，给坝区的傣族朋友带去自烤酒、野菜山果、包粑粑的叶子等，傣族也送上腌菜、豆豉、米干、米线等。

过去，海东大面积种植木本棉，同时盛产晚熟的香瓜和西瓜，海东佤族在收获棉花和瓜果的季节，忙得连饭也顾不上做。这时，傣族赶着黄牛，驮着米干、米线、凉粉、咸菜等上山，用这些小吃换回棉花和瓜果，双方各得其所。

拉祜族到勐马赶街，头天投宿在傣族“宾弄塞嗨”家里，晚上就开始做买卖，第二天，再到街上摆摊。卖不完的东西就留在傣族“宾弄塞嗨”家，由他们代为保管或出售。不仅如此，两个民族在节庆、婚丧、建房等重大活动时，甚至在农忙时，都互相走动。

我们特别感受到了傣族的热情好客，走在竹楼间的路上，遇到的人都笑着邀请我们去家里玩。还有人站在掌楼上招手邀请我们进去。随意走进一家，真是热闹非凡，院子里摆了各种水果和节日小吃，围坐在桌边的是穿各种民族服饰的人。一问，有汉族、佤族、拉祜族和僾尼人。这些客人与主人家，已经有几代的交情了，他们相处得就像兄弟，像亲戚。这种互惠互利的关系，比有血缘关系的亲戚还要亲，有的结交县境外，甚至国界以外。

这些充满情感的环扣，就这样一扣扣连接，一丝丝相系，建构成孟连祥和的民族家园。

# 傣家文房四宝

笔墨纸砚，古人常将其归纳为“文房四宝”。而傣文在历史上的形成和规范化，是傣族社会生活的重大转折，标志着傣族先民跨入人类文明时代。同时，它又极大地推动了傣族文学的蓬勃发展，成为傣族先民宝贵的精神财富和生产生活中必不可少的交际工具。正是从那时起，傣文才在社会上普遍使用。

在上城佛寺遇到一位诵完经，准备回家的傣族老人，看他白衣白裤白头巾，脖子上挂着一串佛珠，眉宇间透着少见的书卷味，就知道遇到了古镇上有知识的老人。见我们合掌向他问好，他也合掌向我们致意，热情地请我们上他家坐坐。

老人的家，院子不大，傣族干栏式的门头屋角上，金黄色的石斛花正在怒放，把整个院子渲染得生机盎然。竹竿上晾着自家染的一串串色彩鲜艳的线，女主人正坐在竹楼下的织机上，手脚麻利地织着筒裙，黄绿相间的条纹，与她身上穿的一样。如今做筒裙的布料真是应有尽有，令人眼花缭乱，但在娜允古镇里，许多人还穿着这种传统的花条纹筒裙，特别是过节赶摆时，更是随处可见。

楼上客厅的地板上铺着席子，我们依照傣族的习俗脱鞋而入，席地而坐。主人面前的小木几上，摆着正在抄写的傣文，好奇的我们请他继续。他没推辞，盘腿正襟危坐，抽出一杆细细的笔，蘸蘸

蕨笔

陶碗里的墨，熟练地抄起来。

老人70多岁，是大家公认经书抄得最好的人，常被县档案馆、博物馆请去抄写傣文典籍，眼下正为下城一户人家抄叙事长诗。他抄写完的每一篇，看上去都像是艺术品，不但字迹工整漂亮，对每一个段落都进行了装饰，画成花朵或图案，让人看了赏心悦目。

这就是傣族手抄本。传说中的数量是经书48000部、叙事长诗550部。经书照抄照搬，但每一部叙事长诗却有不同的版本，其中融进了抄写人的学识和情感。每一部皆由大佛爷、二佛爷之手，一行行抄写出来。这个数字，让当下的傣族后裔叹为观止，望尘莫及。

傣族文学的繁荣，虽非一日之寒，是千百年积淀的结果。但也不是没有原因。由于过去在较长的一段时间内，傣族社会相对安定，衣食无忧，产生了一大批脱产的大佛爷和二佛爷。他们写诗作画，把一些流传久远的故事，加工整理成叙事长诗。通过听经这种方式，让叙事长诗广泛流传于民间，深入每个人的心田。有了整个社会各阶层的参与，才促进了傣族文学的繁荣。

娜允傣族至今还延续这样的传统，闲暇的时日，许多人家都要请亲朋好友到家里来听经。其实，听经，只是一种叫法罢了，诵读的内容大多是古老的神话故事和叙事长诗。

要主办听经的主人家先请老人抄长诗，等老人把长诗抄好，主人就会给各寨的亲友发邀请。当月上竹梢头之时，亲友们便相约来到主人家，客人给他家送上一点礼物，一碗米、一包茶或几元钱。主人则做些米干、米线等小吃招待客人。他把原本只属于自己的精神享受，让大家一起来共同分享。大家愉快地来，愉快地听，带着愉快的心情在深夜离去，再在平淡的日子里，慢慢咀嚼回味。于是，看似艰辛的劳作变得轻松，看似平凡的生活变得诗意，精神在文学中得到净化，美好的憧憬在意境中得以实现。

这不由使我想起法国上流社会的沙龙，某个贵妇的客厅，成了贵族们补充精神营养、共享文学盛餐、交流艺术感受的场所。傣族的这种文化享受，比起法国贵族的沙龙，真是有过之而无不及。听经结束后，这部叙事长诗就赕到佛寺里永久保存，成为村寨文化积淀的一部分。

傣族就这样世世代代把文化的精髓传承下去，任凭时代的脚步紧催慢赶，依然顽强地固守着自己的精神家园，从中获取无穷的乐趣。这份精神享受，是多少热播的肥皂剧也无法取代的。因此，抄经书的老人从不担心自己会失业。

笔墨纸砚，古人常将其归纳为“文房四宝”。但眼前的“文房四宝”都很特别，让我们开了眼界。

笔是蕨秆做的。蕨为多年生草本植物，蕨类植物是最古老的陆生植物。在生物发展史上，距今三亿多年前是蕨类最繁盛的时期，为当时地球上的主宰者，为身躯庞大的恐龙提供了取之不尽的食物。随着地球生态的恶化，蕨类植物也与绝灭的恐龙一起埋藏地下，形成了煤层。现存蕨类植物有12000多种，广泛分布在世界各地，喜阴湿温暖的环境。高山、平原、森林、草地、溪沟、岩隙和沼泽中，都有蕨类植物的身影，尤以热带、亚热带地区种类繁多。

可以做笔的蕨，叶如羽状分裂，茎有纤维管束。蕨笔的制作，不受季节的限制。需要时，上山把蕨草采回家，摆上三四天，待蕨秆的水分蒸发至半

干，用刀切切削削，一支蕨笔就完成了。我们试着写了写，用它写横平竖直的中文，感觉不大流利，书写英文却比羽毛做的笔流畅多了。

老人用的墨也是自制的。就因为商店里买墨方便，这门古老的工艺，已经没多少人知道了。他说，其实，墨水做起来很简单，松明烟子加纯棉布烧成的灰，加入少量的菜油调至半糊状即可。但我知道并不简单，三者的比例，总得有个度吧？

这种蕨笔和墨，只适用于做构皮纸的书写用具。孟连不产贝叶，贝叶经是从缅甸、泰国买来的。但这里到处都是构树，造构皮纸的原料随处可取，用它抄写的经书耐腐蚀，不易蛀虫，因此，佛寺里保存的经书大都是这种纸抄写的。

傣族民间的造纸工艺同样看似简单，但只有技术相当熟练的人，才能把握造纸的整个流程，做出又细又白的纸来。

构树生长在热带亚热带，不仅枝繁叶茂，对生长的环境要求也不高。房前屋后有它的踪影，河边沟箐随处可见。除了把它扦插成菜园子的绿篱外，其他都是自生自长的。它的叶可以喂猪，花可以做菜，木材可以做器皿、家具和薪炭，树皮还可以造纸，可谓全身都是宝。

造纸的树皮采于春天，这时，树皮含浆少，剥起来干净省事，又不影响树木的继续生长。采来的树皮，在河里洗去树浆黏液后，用刀刮去外面那层老皮，再放在大锅里煮一整天，中间往锅里加几次草木灰。煮树皮的火候，以及草木灰的多少，是纸质是否白的关键。煮过的树皮挑到河边去漂洗后，放在一块平整的大石板上，用木槌反复敲打，直到把它捣成纸浆。

傣族造的构皮纸一般分为三类，一类是用来抄写经书的，一类是用来裱经幢和孔明灯之类的赕佛用品的，还有一类是用来做普洱茶七子饼包装的。为了保证纸的厚薄轻重一致，

❶ 抄经书的构皮纸

❷ 陶砚里的墨

❸ 造纸的原料——构树皮

❹ 抄经书的傣族老人

1 傣族慢轮制陶
2 傣族制陶老人

捣好的纸浆还要用一个简易的“天平”称过，“天平”的“砝码”分别为大、中、小三个鹅卵石。

我们试着做几张纸带回去，拿起一团称好的纸浆，再敲打一阵，放进一个装着水的竹筒里，用竹棒把纸浆搅拌匀净后，倒进纱帘里均匀地摊开，慢慢地抬起纱帘滤去水分，放在太阳下晾晒。当纸晾到半干时，用玻璃杯底轻轻地把它擀平。这样，纸面就会显得平实和光亮。当纸的颜色完全变白的时候，一张纸就算完成了。傣族的造纸法没有污染，采树皮对森林也没什么影响，非常生态环保。

虽然自己亲手做的纸，与傣族师傅做的有一定的差距，但我们心里还是美滋滋的，用它制成名片，有种古色古香的韵味。

装墨的砚是用土陶做的。云南有长达 4000 多年的制陶史，从被称为 “孟连县老鹰山”遗址发掘出大量的陶器看，2000 多年前的陶器，与现在孟连、耿马和西双版纳等地傣族制作和使用的陶器，在加工技术和形制上基本相同。器物表面均有用带纹的木拍拍打出的纹饰，这种纹饰在南方新石器遗址出土的陶器上也可以看到。

陶器的发明使用是新石器时代告别旧石器时代的一条界线。陶器的大量使用，标志先民们告别了以石器为主的狩猎时代，开始进入了新的农耕文明时期。先民大量使用陶器，有两个基本条件，一是认识和使用黏土；二是必须能熟练地使用火，能让火的温度达到 800℃以上。

明初钱祖训所著《百夷传》称：傣族“惟陶冶之器是用”。 20 世纪 50 年代以来，国内外著名的考古学家多次对傣族制陶进行专门调查，认为傣族传统制陶

是我国原始陶艺的代表，是解开中国新石器时代烧陶之谜的钥匙。

傣族制陶的主要工具有转轮、木拍、竹刮、石球等。成坯方法呈多样化，有无转轮、脚趾拨动慢轮、手拨动转轮等方式。焙烧方式有露天焙烧、封闭半焙烧和窑内焙烧等方法。相比之下，轮制法较手制法要先进一些，手动或脚动的轮子使黏土制作成的陶器更加均匀。而有窑比无窑烧制的温度更高，烧制后陶器留下的条痕也更加对称美观，体现了傣族在工艺品制作过程中，从实用到审美的转移，蕴含着傣族无数的历史信息和情感内涵，

做土陶的阿婆不仅手巧，还是个远近闻名的歌手。她自编自唱，出口成章，经常在贺新房和婚礼上演唱，为大家增添喜庆的气氛。当她离开演唱的村寨，风风光光地回到家里，远离了喧闹的她，仿佛变了一个人，竟能安静地与泥巴打交道。看着泥巴在慢轮上旋转，在自己的手中随意地变化，做出罐、壶、盆、瓶、碗等用品，再被大家买去，从中获得的成就感，不亚于当一名受人欢迎的歌手。

老人又从阿婆家买了几个陶碗，回到家里，他亲手做了笔和墨，与陶碗和构皮纸一起送给我们，我们如获至宝。每当看见书桌上摆放的“文房四宝”，就想起白衣白裤白头巾，脖子挂着黑亮的佛珠，一身书卷气的老人。

晒陶

# 最爱傣锦

傣族织锦图案的编织是从线网图案的编制开始的，孟连目前保存的傣族传统织锦图案有三角纹、菱形纹、葫芦纹和青蛙纹，这四种传统图案一般用于被套和褥套上做装饰，在结婚、上新房、升和尚时，傣族群众要做许多套有这些图案的被子和褥垫，作为家产向客人展示，这是财富的象征，同时也是对远方来的尊贵客人最好的馈赠礼物。她们将热带雨林的风景和瑞兽圣鸟，加上心中的梦想，用心和思的经纬，交织成一件件奇幻的艺术品，呈现给世人。

娜允古镇的官道两边，有不少人家在出售傣锦、挂包之类工艺品，货主不是在织机上穿梭的少妇，就是在描花绣朵的老妇。傣家人至今还延续着男耕女织的传统，无论行走在娜允古镇，还是村寨的竹楼间，常常不见纺织人，但闻机杼声，让你感到遥远的历史，仍这么近距离地存活着，不由自主地想找个织女聊聊。

随手推开一户院门，一位慈眉祥目的老妇，在织机旁绣花，头上包着白头巾，缎子衣裙样式古老，不戴眼镜，却落针如飞，针针线线倾注了她全部爱心，针下的花儿鸟儿似能传神。见我们在看她，笑容在脸上绽放成一朵老菊花。她说，老古董，你们年轻人不喜欢。

喜欢，当然喜欢！

阿婆自幼生长在娜允王宫里。在20世纪初的那场大瘟疫中，许多人被死神夺去了生命。瘟疫退去，百业待兴，她的外婆命人在王宫的议事厅旁，盖了一间纺织用的亭子，请来许多巧手姑娘，日夜纺织土布和傣锦。连议事厅下的地楼也利用起来，做绣花姑娘的绣坊。这些织绣品卖给外地商人，赚来的钱除了买药品、盐巴、日用品，还要用来赕佛。在她的操持下，被瘟疫扫荡过的王宫，又恢复了往日的生机。

后来，宫里的纺织作坊，成了巧手姑娘向外婆学习织绣和制衣的地方。阿婆从小在织女中玩大，耳濡目染，也学到了许多精湛的技艺。如今，80 多岁的年纪，还成天织傣锦、绣花、缝袈裟，忙得手脚不停。即使在我向她问这问那时，也不肯停下来休息一会儿。为了留下一些过去比较精湛的手艺，博物馆特地请她为每个员工缝制了一套傣族贵族服饰。那上面的针脚像虱子蛋一般细密，她连眼镜都不用戴，真让我们佩服得五体投地。

按理说，她早该享清福了，根本用不着这么辛苦。但她却认为生活可以靠儿孙，但赕佛的钱，必须是自己辛苦得来

❶纺　线
❷织　锦

的。看来，信仰也是一种催人勤奋的动力。要是没有这样的信念，年过古稀的她，该是怎样一种状况？

2000多年前，南垒河沿岸的溶洞里，先祖们用过的石纺锤，曾经与石斧陶器一起被发掘出来。说明孟连这块土地上，耕与织早已是先民生存的基本技能。

翻开年代久远的汉文史籍，原来傣锦在唐宋年间就已蜚声中原。南诏时期，傣锦还列入边地的贡品，被王宫贵族视为珍品。

自古以来，傣女以心灵手巧闻名边地，无论出身贵贱贫富都会纺织。儿时的摇篮，在嘎嘎的织机声中摆动，嗡嗡纺车声伴着她们入梦。在机杼声构建的氛围中成长，几岁就会纺线，双脚能够到织机就会织布。花季少女更绝，把纺车也当作谈情说爱的道具，在火苗红红的篝火旁，哼着小曲纺线，等待着披着花毯、吹箫弹琴的小伙子来串，就像一朵含苞待放的鲜花，在等待蝴蝶蜜蜂的造访。

当然，纺织还关系到她们的生计和名声，见证了技艺的成长，不会纺织的姑娘很难嫁出去。她们得把织好的布分成三份，一份是本钱，卖了再买棉花，继续纺织；一份交给母亲，卖了补贴家用；一份留给自己，出嫁时摆在堂屋里，让到来的宾客检阅自己的手艺和勤劳。为展示她的织锦和刺绣手艺，家里还要摆上许多有装饰效果的绣花枕头和傣锦。

1

2

那时普通百姓家的姑娘，最想得到的礼物不是金，也不是银，是小伙子托马帮从外地捎来的棉花。能得到这份礼物的姑娘，走在人前挺胸抬头，“拽”得不得了！看着自己完成的织物一月月递增，从中获得的成就感和喜悦难以言表，如飞的梭子将经线和纬线交织，也将幸福和希望在心中织就。

如今，每个女孩都无一例外地要上学，日夜纺织的岁月已经不再，以纺车做谈情说爱的道具，那只是边远寨子才上演的剧情，在地处县城的娜允已显得过于老土。但读过书的女孩更灵巧，懂得市场有何需求。她们自己设计图案、自己纺织、自己染线，织出来的傣锦、傣包，图案新颖别致，色彩的搭配更胜一筹，连她们的奶奶辈也不得不刮目相看。

傣家姑娘成家后，除田间劳作外，仍然将纺织作为主要工作。纺织品除制作家人的服饰外，部分在集市出售。

孟连傣族使用的织布机，为半机架式帘式线编花本腰机，以棉线、丝线、金线、银线、开司米为原料。把彩染过的线经过绕线、拉线、裹线、钩线、上架、装机和编织图案后，把花网挂在织布机上，就可以织锦了，所有织锦图案在制作过程中一次性完成，无须再次加工。

孟连傣族传统织锦技艺独特，在制作工艺流程上，具有鲜明的民族特色和地域风格，主要织锦产品有围巾、傣包、刀带、筒裙、傣锦、床垫、花边、被子、枕头、床单等。纯手工围巾、披肩、织毯等民间工艺品，色彩鲜艳，很受游客的欢迎。

孟连传统的傣族织锦图案有三种，

❶绣　锦

❷专　注

❸织锦能手

资深织女

即三角纹、菱形纹和葫芦纹，这三种传统图案一般用于被套和褥套上做装饰，在结婚、上新房、升和尚时，傣族群众要做许多套有这些图案的被子和褥垫，作为家产向客人展示，以示财富。这样的线网图案原来只有几个老人能编制，已经濒临失传。

如今，在市场的推动下，许多年轻的妇女不但能系统地掌握这三种传统图案，从编线网到织完图案的全过程，还把这些图案开发成了特色文化产品——手工围巾，在市场上销售，使原来只用于“筒帕”、裙子、被子、垫单等单一的自用品转变为可以供大众消费的手工饰品，让传统手工编织技艺在现实生活中产生活力的同时，为傣族群众找到了增加收入的新门路。如今的图案不仅有大象、马鹿、孔雀、花鸟、人物，还有竹楼、金塔、葫芦、象脚鼓、水波、鱼鳞、星星等景物。她们将热带雨林的风景和瑞兽圣鸟，加上心中的梦想，用心和思的经纬，交织成一件件奇幻的艺术品，呈现给世人。

# 帕亮的长刀

在勐马镇帕亮村，至今还传承着一项古老而又质朴的手工技艺，那就是打制拉祜长刀。这些拉祜族铁匠们能打制精美的长刀，在东南亚一带享有盛誉，很受老百姓的喜爱。

拉祜族是喜欢射猎的民族，拉祜族男子身穿浅色右衽交领长袍和长裤、系腰带、脚穿布鞋、头戴包头，都喜欢随身携带一把拉祜长刀。这种长刀既可做生产和生活用具，又可以当自卫的武器。

帕亮是拉祜族聚居的半山区。远看，茂密的竹林环绕在村寨周边，洁白的李花深处，一幢幢吊脚楼错落有致地聚合成一个个村落。走进村寨，最吸引眼球的是矗立在高坡上的基督教堂。一阵阵歌声随风传来，那和声简直可以跟专业的合唱队一争高下，但却是村民精神生活的一部分。寨子边的竹林深处，排列着几十个小茅草棚，金属碰撞的叮当声，听起来还挺热闹呢。走过去一看，原来是打铁的小作坊。

小作坊里，风箱拉得呼呼响，炉中炭火红亮，烧红的钢条被放在铁砧上捶打。正值冬天，我们的身上都穿得严严实实，可打铁的拉祜汉子们都穿得很少，有的赤着上身，头上还冒着热气，足见这不是一般的力气活。

在中缅边境，各民族都有“男子无刀不出门”之说。寨外即深山密林，遇到野兽或荆棘挡路也是常有的事，外出时

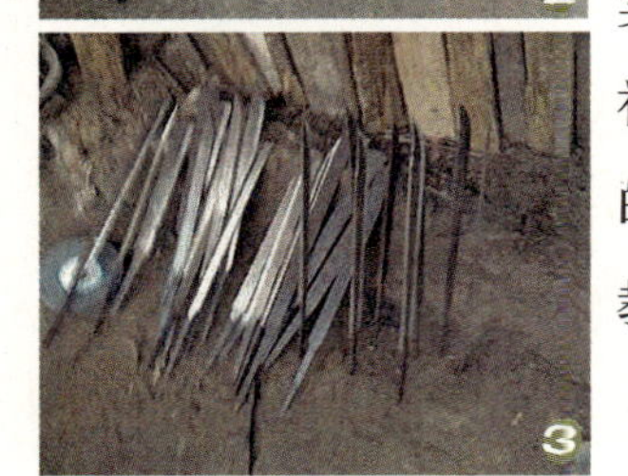

佩带长刀，既可防身，又能披荆斩棘。久而久之，防身武器和生产工具就成了必不可少的装饰品，即使上街，走亲访友也离不开长刀。到了拉祜族成年男子身上，更是火枪不离身，长刀不离腰，弩不离手，挎包不离身。这四不离，将远古"猎虎民族"充满勇敢、彪悍和质朴性格的形象，描绘得神形兼备。

拉祜族打制长刀究竟始于何时？文献中查询不到。在拉祜族创世史诗《牡帕密帕》中，有拉祜族发现、冶炼铁矿的过程。世上的人渐渐多了，人们的吃穿都很困难，他们到处烧蜂子，取来蜂蛹以补充蛋白质和营养。一次在山梁上烧蜂子，烧得红彤彤一片。那一片红色，流出"水"来，原来是"铁娘子"（指铁矿）。后来，拉祜人用马鹿角去挖铁矿，用锥栗树烧的炭去炼铁。用厄莎做出的马，驮着铁到白氏去卖，但没有人来买，连运送铁块的骡马也渴死了，因此，拉祜人没有学会做生意，也没有学会养骡马。最终，他们炼成的铁卖不出去，只好自己驮回来做长刀和农具。是天神厄莎教会了人们冶炼、造农器和制刀。

而在帕亮村的东壳大寨，还流传着拉祜刀的祖师张玉的传说。相传，刀的祖师受麂子脚蹄丫的启示，发明了打铁用的火钳，受麂子脚关节的启发，而制作出打铁用的大锤。

拉祜语称铁匠为"章力"，在拉祜族群众中普遍受到崇敬，并拥有一定的地位。在农村公社时期，头人卡西卡列、宗教主持者磨八、铁匠章力，三者是组成村寨首领层的主要成员。拉祜族铁匠不脱离农业生产，打制和修理农具只为本村寨服务，不收报酬，农民为了答谢铁匠，每年义务出工三天。平时猎物留较好的一份给铁匠为酬谢。过年时要到铁匠家拜年，遇到寨内活动节日庆典，除头人外，还必须有铁匠参加。

在帕亮各村寨，凡成年男子都成了铁匠，甚至到帕亮上

❶给铁料加热

❷刀　把

❸好钢好刃

门的汉族女婿也学会了打刀。整个帕亮村十几个拉祜村寨仍有 100 余位 60 岁以上的老人从事着制刀业。帕亮的拉祜族男子在十五六岁便可独立打制长刀，一生不间断。师承关系均以家庭为单位。常年耳濡目染，代代相传。因为打刀是帕亮一带拉祜族的主要经济来源，故有“不会打刀养不了老婆”的说法。

制作帕亮长刀在原材料的选用上非常严格，制刀的钢材，过去都是从缅甸进口的英国货，现在改用国内钢材，或以废弃的汽车钢板替代。在刀形上，一般长 50 ~ 90 厘米，宽 5 厘米左右，刀背部厚 0.8 厘米，刀头分尖头、平头两种，而刀鞘则用木质材料，以降低成本。也打制部分长 15 厘米左右的小尖刀。在客户的要求下，他们也打制一些特殊的刀型，刀上可根据不同情况镶嵌不同形状的铜花或花纹。在制作工艺上虽然与其他民族铁匠的手工打刀大体相同，但在蘸水技术上十分讲究，刀子打成形后，先削磨，后蘸水，再磨亮。

1 刀壳

2 打制刀刃

长刀打制好后，用木片制成刀鞘，刀鞘一般用两块木片合拢而成，上面用竹子制成的扎篾套住，扎篾可以编成各种图案，既能固定刀鞘又有装饰的作用。长刀入鞘，再配上各色棉线编制的刀带，就可挎在肩上了。

帕亮的男子是打刀的好手，妇女也是做刀的巧匠。女子承担着做刀鞘、编刀箍、织刀带等工序，呈现出一个家庭一个厂、全家分工合作的繁忙景象。

帕亮长刀钢好质优、坚韧耐用，而且物美价廉，非常适应边疆各少数民族生产生活的需要和购买能力。人们爱买拉祜刀，买刀首选帕亮刀，已成为当地群众的传统习惯。

帕亮长刀之“长”，木质的刀鞘，用树皮或棕丝编成构图简洁的刀箍牢固的这一组成形态，符合现代人返璞归真的需求，现在越来越多的人喜欢把帕亮长刀佩在身上，或挂在家中，作为民族工艺之珍品而被收藏。

# 公居佤族银饰村

能歌善舞的佤族人，不仅在音乐舞蹈方面独具特色，而且在制作银器方面也表现了不凡的艺术造诣。公居的银器不仅佤族同伴喜欢，而且其他各民族也争先收藏。随着公居银器影响力的扩大和社会需求的增长，全寨成年男子都会打制银器，师承关系均以家庭为单位，代代相传。在获得经济利益的同时，也把佤族的民间手工打制银器技艺传承和发扬下去……

我们在勐马镇的集市上，见到一个卖银饰品的地摊。

引起我们兴趣的，不光是银器精致的做工，还有摊上围着的妇女。银饰摊的货主是一对佤族夫妇。摊上围着的有佤族，也有傣族。几个佤族中年妇女把摊上的银饰全试戴一遍。她们头戴的锥形帽上装饰着银泡，银烟锅斜插在帽子的银链子上，耳戴大耳坠，颈上是银项圈，上着长袖短衣，衣服前后点缀着梅花形的银泡，下穿着自己纺织的红黑色条纹花裙子，腰部系十几条链子串成的银腰带，手臂上戴手箍，手腕戴手镯。更绝的是，佤族妇女的大耳环，中间是空心的，既是耳环，又可当储钱的容器或针线包。取下来一看，果然巧妙，十几张百元大钞，卷一卷，轻松地放进去了。

傣族妇女只要银腰带和半月形的槟榔盒，而且她们选的银腰带与佤族的不同。扣子更小，链子更纤巧些。槟榔盒上镂的也是孔雀之类傣族喜爱的图案。

问了摊主，得知他们来自公信乡的一个叫公居新寨的佤族寨，寨子距公信乡政府十多公里。每逢赶街天，就是他们忙碌的日子，除了现成的各种饰品要销售外，他们还要为一些人的银器修残补破、翻新、改制。我们约好，明天就去他们家拜访。

第二天，我们赶到公居村。还没进寨子，就听到叮叮当当敲打金属的声音，从不同方位的屋子里传来。这声音好熟悉，感觉像是走在大理银都新华村一样，这种悦耳悦心的声音，只能是小锤击打银器发出来的。

佤族对白银饰品的喜爱情有独钟，他们把白银视为驱邪避鬼之物，在他们的节庆盛装中，银饰品是最灿烂、最耀眼的部分。妇女外出干农活或赶街，都习惯把全部银饰品戴在身上。有人开玩笑说，佤族出行，把一家的贵重财产都带出来了。

找到勐马街上遇到的那对夫妇，他们正在忙着为迎接我

❶ 舞动的银色
❷ 银匠家的主妇

们的造访泡佤族水酒。见了面自然高兴，每个人都在女主人的敬酒歌声中，喝下了一大竹杯迎客酒。

原来，公居佤族打制银器，已有400多年的历史。寨里的佤族老银匠说，他们打制银器的技术，是祖先跟定居在本地的“李大老爷李定国”的手下学会的。

自古佤山产银矿，佤山的银矿与李定国的大西军还有些渊源。顺治十六年（1659年）正月，清军大举攻进云南，大西军护送永历帝离开昆明，一路败退，永历帝进入缅甸，后来发生了“咒水之难”，永历帝被缅甸囚禁，所率部下全部遇难。李定国率领大西军救驾失败，1672年，永历帝被清军处死在“逼死坡”，李定国悲愤而死，其部下散居中缅边境一带，其中的一部分就定居在公居一带，靠采矿和加工银器为生。经过几百年的岁月沧桑，大西军与当地佤族相互融合，为佤族传下一门制作银器的手艺。

公居的银器不仅佤族喜欢，其他民族也喜欢。随着公居银器影响力的扩大和社会需求的增长，全寨35户居民中，有32家的成年男子会打制银器，师承关系均以家庭为单位，代代相传。

公居新寨的银匠与我们交谈时，手上都没闲着，有的在拉风箱，有的在用锤敲打，有的在拉丝。旁边来看热闹的，在用钩子把拉成的细丝、接成的小环，一扣扣组成链子。原来，妇女常系在腰间的银腰带，就是这么做成的。

佤山妇女们最爱银手镯，无论家庭贫富人人都有一副宽大的手镯，长年套在手腕上。相传，从前阿佤山的原始森林里常有熊出没，熊的特性是抓住

❶ 戥子及砝码

❷ 加工银饰的工具

人就不放手。一天，一个美貌的佤族姑娘上山采集，碰上了野熊，躲避不及，聪明的姑娘赶忙从竹篮里拿出饮水的竹筒，套在手上，大胆沉着地迎上去，让熊握住。熊自以为猎物到手，竟飘飘然起来，姑娘乘机悄悄从竹筒中抽出手来，化险为夷。从此，姑娘们外出将竹筒套在手腕上，以防不测。有了银器之后，竹筒就演变成银手镯了。银手镯宽约 5 厘米，上面刻有各种精致的图案花纹。

佤族姑娘出嫁时，母亲会给她戴上自己的银首饰，但新娘所戴的银饰品是不陪嫁的。不是借戴一两年后归还娘家，就是由新郎家出钱购买。

公居打制的银器多为本地妇女和儿童的饰品，钗、环、簪、手镯、帽饰、颈饰和杯、盘、碗、盏、壶、盒等器皿。

称银子用的是戥子，类似天平，一头放银子，一头放

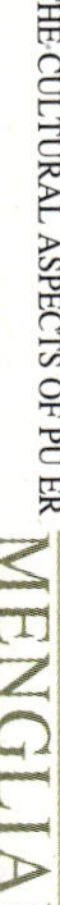

❶头　饰
❷耳　饰

"砝码"。各种造型的"砝码"用青铜铸造，非常精致。

银器制作工艺中，常采用镂空、敲模、锤锞等技术，使得银饰物有玲珑剔透、立体逼真的艺术效果。敲模即利用一定的模具，打压成形。而锤锞工艺，则是在贴好纸绘图案纹样的银片下，衬以厚铅板一块，再用各形錾子一锤一錾地按图捶打，使其显现出凹凸的轮廓，然后再在正面施以细花錾刻，使之神情毕现，工艺精湛者往往使人误认为是用模子敲打而成。

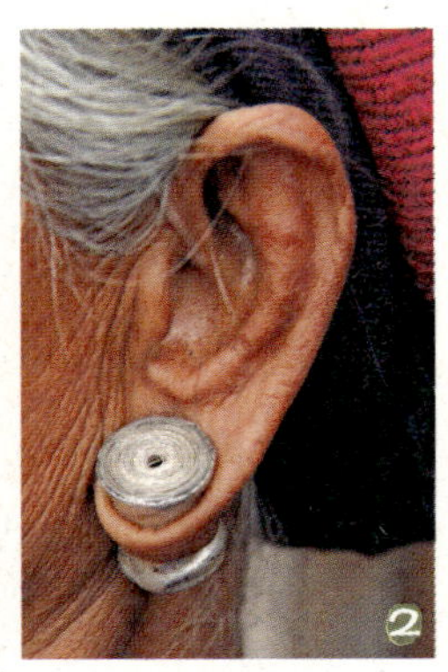

虽然公居佤族银器深受中缅边境各族群众的喜爱，但目前仍属于家庭小手工业范畴，没有形成较大的商品进入市场，每年每家购买一两千克银子，主要还是靠来料加工，收取加工费。

我们离开公居新寨时，银匠夫妇又端着酒唱着歌，为我们送行。

❶砝　码

❷头　饰

# 第四章
# 活力口岸

孟连口岸是以孟连县城为中心的，以发展边贸和旅游为主的，集商贸、旅游、进出口加工、仓储、通道服务、旅游产品六大功能于一体的，具有民族特色的前沿开放口岸。在孟连口岸的基础之上，再启动孟连边境经济合作区项目，终练成“一路一带”的强大堡垒。

从早季茶盐古道，到勐阿街子，到勐阿通道，又到孟连口岸，到孟连边合区……一路走来，孟连口岸凭进出口关税总额已跃居云南省第二大边境口岸。

# 旱季茶马古道

1000多年来，历尽岁月沧桑的茶马古道，好似一片树叶上延绵的经络，在主干道之外，还分散着无数的支岔，伸入各个偏僻的山寨和产茶区。

茶马古道是民族文化的大熔炉，就像一条流动的血脉，它连接起了沿途的各个民族，使各民族独特的文化最终作为中华文明中的一个个闪光点被吸收。茶马古道是不同民族文化交流、融合、贯通的传送带，它完美地承担起中国西南大地上对外经济、文化、商贸交流和情感沟通的重任。

当“一带一路”已成为中国和世界当下最热门的词语时，被誉为“南方丝绸之路”的茶马古道，把人们的目光吸引到云南边地来。那五条茶马古道中的一条——“旱季茶马古道”，是经孟连而去往东南亚缅甸等国家的，自然也吸引了不少人的眼球。让我们不得不重新审视孟连，换一个视角来考量，边地孟连在云南历史上举足轻重。

明清时期，孟连土司的疆域大着呢！乾隆中期以前的辖地，“东至车里司界，南至孟艮府界，西至木邦界，北至威远州界”（顾炎武：《读史方舆纪要》）。

那时，孟连东边是澜沧江，西边是萨尔温江，两条大江有12个渡口。向东望，隔着澜沧江是威远州（今景谷县），向西望，隔着萨尔温江就是木邦宣慰司（今缅甸东枝、腊戍等地）。地界东与车里宣慰司（今西双版纳州）接壤，南与孟艮府（今缅甸景栋）相连，北与猛缅司（今临沧双江县）和孟定府（今耿马、沧源县）毗邻。

自古以来，四大文明古国之间经贸文化的来来往往，与风沙弥漫的沙漠和狂风巨浪的大海相比，缅甸的陆路算是比较便捷的通道了。孟连“地处极边，界连外域”，从大理、保山、临沧至缅甸景栋、打其里、泰国清迈；从普洱、景谷、景东至缅甸腊戌、曼德勒、阿瓦的商队马帮，经过孟连而前往目的地，也是个不错的选择。

孟连娜允不仅仅是一个中缅边界过往的通道，还是一座活着的茶马重镇。她稳坐茶马古道的枢纽，集散东西南北的货物，是中缅边界名气较大的集市。用傣族当时的流行语讲，叫作 “告勐靠西勐洼”（九个地方的人进，十个地方的人出）。

集市是人们在特定的地点，按特定的时间相互交易而形成的。中国古代最早的“市”没有固定的位置，后来常在居民点的水井旁，故有“市井”之称。不同的是，傣族最早的集市常常选择在大青树下。这是因为傣族聚居区气候炎热，大青树巨大的树冠，可以为赶集的人遮挡毒辣的阳光。娜允镇芒嘎的大青树下就是古时候的集市，而贺嘎这个寨名告诉我们，集市的头一直延伸到这个寨子。

一个没有产业的土司，就像童话《皇帝的新衣》里的那位皇帝一样尴尬。孟连土司自元明时期起，就在募乃（今澜沧县竹塘乡）开银矿。至康熙四十八年（1709 年），朝廷晋升孟连为世袭宣抚司之后，银厂的规模与先前已不可同日而语。

银厂的存在，对孟连土司来说，不仅仅意味着拥有一个赚大钱的产业。土司获利不菲的同时，不仅减轻了地方百姓的许多负担，还为商品流通提供了货币。至康熙年间，云南的商品经济发展很快，货币的需求越来越大，白银和铜钱已经完全取代了贝币，成为云南的主要货币。孟连开采冶炼出来的银子，品位比较高，俗称十足银，在市场上兑换纹银，最起码能得到一成多的补贴。

手里有了真金白银，官府百姓做生意不只是以物易物。四面八方的客商光是冲着这一条，都愿意到孟连来做生意，无形中加快了货币流通。

募乃是傣语，直译就是小银矿。这“小”，只是与沧源茂隆银矿的“大”相对而言，其实它也不算小了。募乃银厂方圆上百里，光是寺庙、会馆就有13座。矿硐大多分布在老象山、雄狮山、睡狮山一带，较有名气的有摇铃硐、六合硐、黑狗硐、南京硐、天宝硐、狮子硐。炼银的七星炉多达367座。厂民则多得无法统计。

统计厂民人数是件头痛事，到底有多少人？也不能稀里糊涂吧。有人出了一计，过年赶庙会时，在银厂的13座寺庙、会馆里，各设置了一个统计台。凡来参加庙会的人，都要往台上扔一颗苞谷籽。庙会结束后，人数也统计出来了，一共有14.3万多人。

这么多人的日常消费，已经超出了孟连本地的产出，光是矿工所需的粮食，仅靠孟连的牛帮马帮驮运，已供不应求。银厂设置了三座炮台，用大炮来报信，一炮表示缺粮，二炮叫加快运粮，三炮已经断粮。用大炮报信，确实比元明时期的邮传小楼和驿马快多了，大炮的响声别说是孟连、勐遮、孟定、耿马，就是贺岛、孟养（今属缅甸）也听得清清楚楚。

有来就有往，驮运粮食的马帮来了，放空回去的只在少数。好在孟连是江外茶叶的一大市场，景迈茶山的茶叶大部分是在孟连这个市场进行交易的。景迈山是孟连土司夫人从车里宣慰司娘家陪嫁来的“嫁妆”，山上有几万亩大茶树。孟连土司既要为朝廷办贡茶，又要办“边茶”，仅一个茶事，就够他每年忙活一个旱季。

贡茶是古代朝廷用茶，专供皇宫享用。明永乐四年（1406年），明成祖将景迈茶指定为贡茶。土司每年都要将景迈山布朗族上贡给他的茶，按朝廷规定的数量，逐级派专人护送到朝廷。贡茶

❶ 斑鸠坡茶马古道
❷ 糯扎渡茶马古道

与其他贡品一样，其实质是封建社会君主对地方有效统治的一种维系象征，也是封建礼制的需要。

边茶是藏族人民必不可少的生活必需品。就像藏族谚语所说，一日无茶则滞，三日无茶则病。边茶具有紧密联系朝廷与藏区的关系，维护边疆稳定、领土完整的作用。

历代官方都非常重视边茶的管理。唐代即已设置官吏，征收茶税。到了宋朝，开初曾设茶叶专卖机构，不准私商贩卖茶叶；后改为由商人与茶户自行交易，官家向商人征税、向茶户收租并抽收一定息钱；至崇宁元年（1102 年），朝廷立“茶引法”，商人经营茶叶必须到官方领“引”，凭“引”卖茶，运销数量和地点都受到限制，官家则按“引”收税。这种茶引，类似现代的购货凭证和纳税凭证，同时也具有专卖凭证的性质。

东西两条大江的 12 个渡口，由孟连土司府分派一个官员去管理，造船制桨让船工摆渡，从船工摆渡费中抽三分之一上交给官府。贩运茶叶者，一律通过渡口验引，无引或引茶不符都是违法的，要受到相应的处罚。

景迈茶就像一位名门闺秀，以她浓郁持久的兰花香和甘醇耐泡的味道，受到了皇室大臣们的追捧，其声誉经马帮

中缅边境至缅甸大勐养、景栋的茶马古道

在江湖传扬，越来越受到茶商的关注。为了避免假冒，景迈山的茶叶上面，要求摆一枝“螃蟹脚”。买茶的人，一看见这种景迈山古茶树上特有的寄生植物，即使语言不通，也明确地知道这茶假不了。那些拿着官府的茶引来买茶的商队，一来就是上百头骡马，浩浩荡荡，熙熙攘攘，见首不见尾，生生把一条条驿道和山间小路，踏成旱季茶马大道。

嘉庆十五年（1810年），勐宾、勐朗等地局势混乱，朝廷唯恐募乃银厂矿工造反，遂封闭了银厂，课银因此不再上缴，孟连土司也失去了一大经济来源。这无疑在很大程度上影响了周边地区商品经济的发展。

为了弥补封厂后给当地带来的经济损失，孟连土司秘密地将部分矿工转移到今西盟县新厂乡，开了一个新的银矿，新厂因此而得名。募乃老厂虽然表面上封闭了，但小规模的采炼和“烧拨渣”从来没停过。经过元明清3个朝代、5个多世纪的采炼，募乃老厂的沟壑里填满了矿渣。把炼过的矿渣再挖出来炼，厂民把这叫作“烧拨渣”。但产量与先前相比，真是小巫见大巫了。一炉出银，最多不过6两，每炉日产10两左右。

后来，由于原矿越来越少，银产量越来越低，人们不再提炼银子，而是改为用矿渣冶炼粗铅。那时，民间普遍用铅巴做渔网坠和土枪弹，加上有的国家在缅甸收购粗铅，对铅的需求量剧增。宣统二年（1910年）后，有不少湖南、石屏的汉族纷纷到募乃老厂遗址来冶炼粗铅，工人最多时达到6000多人，大的熔炉有十多座。附近的拉祜族、佤族和傣族也利用农闲，举家到募乃去，一个人连掘带选，一月下来，可得矿渣一吨半，炼出来的粗铅是矿渣重量的一半。这无论如何也比种粮食强多了。炼出来的铅水，倒在竹瓦上，冷却后就成了半圆形的长条铅锭。

茶马古道沿线的农户，有牛有马的人家都相约去驮脚。铅锭很沉，每根铅锭有十多斤重。一匹马能驮 8 根，一条黄牛只能驮 4 根。从募乃经中课、勐英、娜允、芒信前往缅甸景栋，单程需要六七天。粗铅的价钱虽然时有升降，但不管在募乃买价多少，到景栋卖时都以两倍的价成交。返回时再买些咸鱼、钢条、海盐、肥皂、洋布、袈裟、桐油、胶底布鞋之类的外国货，驮到孟连街子卖了，再转回募乃去驮铅。

我在景信、景冒、朗岛、勐英一带，见过茶马古道，是那种没有铺设石板的土路，被牛马踩踏出一道连着一道的坎。勐英附近的地下河溶洞，曾经是马帮过往的捷径。顺着地下河穿越溶洞，需用松明火把照明。不管是山路，还是地下河溶洞，看样子都是雨季无法通行的，这就是为何要叫旱季茶马古道的原因。

听傣族老人说，过去他们的经济来源主要是去驮铅，就是农忙时也不愿中断。插秧前，要赶到募乃去驮几驮粗铅回家来，等家里的秧一插完，便马上赶着牛帮上路。这一带的许多人家都是靠驮铅卖富起来的。

这是一条由牛帮、马帮组成的粗铅运输线，年出口量最少 250 吨，最高年份达 1000 多吨。随着第二次世界大战的愈演愈烈，对铅的需求越来越大，募乃老厂引起了外界的关注。万金油大王胡文虎与澜沧县建设局局长张石庵一拍即合，准备修一条从募乃至新加坡的公路，途经孟连，从芒信至缅甸景栋、泰国密赛等地，把铅运到新加坡，再制成武器弹药支援抗战。公路由张石庵组织人马测量路线，修路的资金由胡文虎筹措，胡文虎祖籍福建省永定县，因制销“万金油”而出名。在中华民族生死存亡的关键时刻，胡文虎为抗日战争捐赠的财物达千余万元之巨，为全国之最。1941 年 2 月，胡文虎以华侨代表身份飞往重庆，出席国民参政会。中共驻重庆办事处机关报《新华日报》以《华侨巨子胡文虎抵渝》为大字标题，对胡氏乐施善举、义助抗战做了长篇报道，轰动神州大地。

就在一切准备就绪，将要破土动工修路之时，太平洋战争爆发了。1941 年

12 月 7 日，日本偷袭珍珠港，随后，日本飞机全面袭击了西方盟国在南太平洋上的所有军事基地。修路的计划遂成泡影。

当沿海沦陷，滇缅公路被日寇截断之后，茶马古道就成为中国当时唯一的陆路国际通道，有许多国际援华物资，要经过孟连这条旱季茶马古道驮往内地。

时至民国，这里仍是边关重要通道，思茅海关在孟连设立分卡，进出口商品均在这里报关，汽油、钢材、洋靛、桐油、棉纱等外国商品，从这里入关，茶叶、盐巴等土特产由此出关。

为了经营上的方便，孟连的集市逐渐过渡到人口比较集中，又靠近海关的地方。娜允中城佛寺西面的大青树下一度成为孟连最大的集市。太平洋战争爆发后，远征军远赴缅甸对日作战失败撤退到孟连，之后有许多军人留在集市上，建房成家，扩大了集市的规模，原先的孟连县小旧址就是当年古镇集市的一部分。除了雨季外，商人马帮源源不断地把石屏、祥云、弥渡、普洱、景谷勐主等地的盐巴、土布、针线等货物，运往孟连及缅甸、泰国出售。又将缅甸、泰国等地的洋货和孟连的土特产运往内地销售。

虽然，与北方丝绸之路的漫天黄沙、千里戈壁相比，南方丝绸之路沿途的深山老林、江河交错，别有一番韵味。众多的民族分布在不同的海拔高度上，再加上江河的切割，山脉的纵横交错，气候的垂直分布，构成了世界上最奇特的地形地貌。但是，茶马古道的艰险超乎寻常，马帮每次踏上崎岖的征程，就是一次生与死的体验之旅，对每个人的精神和肉体皆是一场空前的考验。

1000 多年来，历尽岁月沧桑的茶马古道，好似一片树叶上延绵的经络，在主干道之外，还分散着无数的支岔，它们伸入各个偏僻的山村和产茶地。

茶马古道是民族文化的大熔炉。茶马古道沿线区域自然形成的生态格局，给了各民族文明文化制约与丰润的机会，而茶马古道的网状贯通，又使这种种文明文化相互渗透、相互影响、相互交融，锻造成丰富多彩的大中华文明之共同体。

茶马古道是不同民族文化交流、融合、贯通的传送带，它连接起了沿途的各个民族，使得这一地区各民族独特的文化，最终作为中华文明中的一个个闪光点被吸收了。

茶马古道就像一条流动的血脉，它完美地承担起中国西南大地上对外经济、文化、商贸交流和情感沟通的重任。发展了当地经济，搞活了商品市场，促进了边贸地区农业、畜牧业的发展，与此同时，沿途地区的艺术、宗教、风俗文化、意识形态也得到空前的繁荣和发展。

白马山茶马古道

如今，宽阔的柏油马路直通国门，机场也在家门口紧锣密鼓

糯扎渡茶马古道上的山神庙

地建设之中。在古人开创的茶马古道上，成群结队的马帮身影已不见了，清脆悠扬的马铃声悠然远去，远古飘来的茶草香气也消散了。然而，留印在茶马古道上的先人足迹和马蹄烙印，就像时代高速发展的基石和底色，无论怎么也抹不去。古人与现代人的无数脚印叠加在一起，永远留在了人们的记忆里。赶马人这种生生不息的拼搏奋斗精神，在中华民族的发展历史上雕铸成一座座永恒的丰碑，千秋万代闪烁着中华民族的荣耀和自豪。

## 勐阿素描

当薄雾在南卡江面上缓缓升起，当阳光照亮两岸的苍茫橡胶林，不同国家、相同民族的人们，在勐阿坝子上的不同国旗下，开始了新的一天，也开始了他们一天的密切联系。来勐阿小学上课的缅甸孩子，背着书包从桥上横跨南卡江；去缅甸邦康市卖菜的大婶大嫂，挑着鲜绿的蔬菜过了绿色通道。

一阵大雨过后，洁白的云彩在重峦和叠嶂之间悠悠，有圆融润实的棉花，有轻盈飘逸的白纱。汽车蜿蜒在南马河边的公路上，有时感觉是在天空中腾云驾雾，有时感觉是在大海上龙游鱼跃。车窗外，所有的事物都迅速地后退。有时看见远处莫名的红艳，有时邂逅路边野葵花的金黄，有时辜负桥头樱花的含苞欲放。把镜头架在车窗内，记录这些双眼无力顾及的美妙，让别处的网友误把孟连的深冬当作他们长梦里的早春。

南马河水流到了汇入南卡江处，就是孟连口岸勐阿通道的中缅结合点了。南卡江好像九曲的回肠，环绕着我国的勐阿和缅甸的邦康。江水缓缓流淌，那边是缅甸，这边是中国。勐阿，傣语“芒允”的转音，意为被水分开的坝子，一个坝子被南卡江分开后，就成了两个国家。而勐阿通道的勐阿大桥，又把两个国家联系在一起。

当薄雾在南卡江面上缓缓升起，当阳光照亮两岸的苍茫橡胶林。

不同国家相同民族的人民，在勐阿坝子上的不同国旗下，开始了新的一天，也开始了他们一天的密切联系。来勐阿小学上课的缅甸孩子，背着书包从桥上横跨南卡江；去缅甸邦康市卖菜的大婶大嫂，挑着鲜绿的蔬菜过了绿色通道。

远方的朋友也许会以为，两个国家之间应该有巨大的悬殊，其实是千丝万缕、唇齿相依。像两个相邻的寨子，更像一个城市的两条街道。你询问这里再多的人，他们也说不出有什么不同，他反会说，本没有什么不同，两边的手机信号都是中国移动，两边商店里的百货也多是中国制造，两边的市场上都有缅甸的特产。

也许会有人失望：什么异国风情啊？一样的民族，一样的街市，如此中国化的外国小镇，如此外国化的中国小镇，有什么魅力吸引游客继续前往？免税店？国门？两国人民的交织？但对于远来的客人，国门之内就是异国风情了。实际上，勐阿通道是一个以孟连县城为中心的孟连口岸通往缅甸的一条重要通道，是中缅两国贸易的重要集散

渔　乐

地。近年，国家又在勐阿镇规划建设了孟连（勐阿）边境经济合作区，区内聚集了一批中缅两国的企业。

每逢勐阿“街天”，居住在中缅两国边境的各族群众，从四面八方云集这里“赶街”。勐阿“街天”是小镇最繁忙的一天，边防检查站门前等待出入境检查的人群早早地排起了长队。跨境大桥上车水马龙，往来人员络绎不绝，集贸市场上人头攒动。缅甸同胞带着药品、民族服饰、洗化用品、缅味小吃、蔬菜水果来中国换人民币。中国商贩的货车又是货架，上面的商品应有尽有、琳琅满目。勐阿的傣族群众当街支起灶台，卖米粉、米线。锅里漂着油花的番茄汤汁又香又辣。到正午时分，气温突升，赶集的人们渐渐散去，各种小摊悉数撤离，便是逛免税店的大好时机，在免税店里游人们可以买到物美价廉的进口货。随着口岸经济的迅猛发展，免税店数量也在渐渐增多，销售商品的种类和范围不断扩大。除了免税店，红木家具厂值得一看，从堆放整齐的原木开始，你可以看到师傅们将原木分割，经过能工巧匠精心雕刻，精美的雕花令人咂舌称赞，最后拼接成整套的家具。从小巧别致的茶几到整套的系列组合，都值得用寻宝的眼光去细细鉴赏，每个精美的作品背后都聚集了工匠们诸多的心血与汗水，都蕴含了不菲的价值。

1 悠悠南卡江

2 芒沙村

常说：一方水土养一方人。无论什么季节，勐阿都是阳光充足、雨水丰沛，一片生机勃勃的亚热带气候。南卡江两岸是平整肥沃的河谷坝子，水稻和玉米一年三熟，香蕉与橡胶高产，蔬菜水果品种多、品味好。一年四季都有络绎不绝的货车，将橡胶和新鲜的瓜果蔬菜输送到各大城市，又将小镇所需的物品运送回来。

货车的来回奔忙，让小镇的气象日新月异，南卡江两岸人们的日子越来越美好。

# 娜允有条中缅街

在娜允镇（孟连县城），无论在哪个街头哪个商店出现缅甸人的身影，都不会撞上新奇或异样的眼光。

娜允镇的中缅街，开始只是娜允人对缅甸人聚居区的说明，后来成了娜允镇上一条特色街的街名。到现在，已被赋予更多的内涵，代表着中缅两国的联系、代表着中缅两国人民千丝万缕的交集。

不久以后，全新的“中缅街”，将迎接八方来客！

所谓的传说，是无法考证吗？是有所隐瞒有所夸张的历史吗？是本故事纯属虚构吗？文章开始之前，我也先来一段传说。

很久很久以前，或者，不知是何年何月，几个缅甸的玉石小贩，带着他们的手镯和玉坠，来到作为几百年傣族政治、经济、文化中心的娜允城销售。玉石的品质很好，加工的工艺更让娜允人倾倒，他们也就有了很可观的收入。慢慢地，这个秘密被他们的家乡人窥探到，就有更多的缅甸人来到了娜允，也带来了更丰富的商品，从玉饰到服饰，从药品到食品，几乎可以涵盖所有缅式生活的必需品。再后来，有人就把一家老小接来和他们居住。慢慢地，娜允城里就形成了缅甸商人聚居区。在聚居区，他们可以讲他们的缅语，延续本民族的风俗习惯，把孩子送入娜允的学校接受中式教育。慢慢地，缅甸商人学会了娜允方言，有的甚至能熟练使用普通话。有的娶娜允女子为妻，有的嫁娜允男子为妻，更多的是和娜允人成了知心朋友。

缅甸人在娜允，不像“华籍缅人”，不像偷渡客，不像跨国旅游，更像和娜允共生共荣的一个本土少数民族。缅甸人和娜允土著民族，各自保持着不同的肤色、不同的服饰、不同的语言、不同的风俗，互不干涉；又相互交融着，你中有我，我中有你，互相影响，互相依存，生生不息。

说到中缅街的货品，可以用应有尽有来形容。最受人们欢迎的当数玉石，珠宝店占到中缅街店面的百分之七八十，装潢简洁明亮，并无那些大中城市珠宝城的奢华气派。光亮的玻璃橱窗里，整齐摆放着各种做工精美的玉饰，打开橱窗里的灯光，或流光溢彩，或晶莹剔透，或沉静深邃，或轻盈通透，各显风骚。顾客坐在柜台前的活动椅上，静静地欣赏，若看上哪一款，手一指，店家就默默地把玉石送到客人面前。顾客自己玩赏鉴别，慢慢挑选，店家绝不多言，绝不饶舌推销商品，绝不表现出不耐烦的脸色。颇有姜太公钓鱼愿者上钩的心态，你来或不来，美玉就在那里，兀自美丽。你买或不买，店家就在那里，

中缅街全景

如意大酒店

从不多言。当顾客看上哪款，问到价钱，店家或用娜允方言或普通话告诉你，这样你的讨价还价就容易了。若遇上不会中文的店家，就会拿来计算器或手机，按几个数字让你瞧，一目了然。你要还价就给店家按数字，再点头、摇头。都说玉是自然之精华、蕴含天地之灵气，又说玉石无真假——求玉是讲究缘分的。如此说来，缅甸人是深谙珠宝经营之道的，而在此买玉的人也是极有福气的。既然是一种缘分，又怎是金钱能够衡量的呢？这，也许是缅玉在娜允畅销的重要缘由吧！

日用品，精美耐用的橡胶拖鞋是首选。各地游人只知道运动鞋舒适，运动鞋到了孟连湿热的气候里，就显得闷热而沉重，也不和轻薄的衣裙搭配，漂亮的高跟凉鞋又不适于行走。中缅街的拖鞋，便很好地解决了这些问题，时尚新颖的款式、牢固可靠的品质、舒适便捷的设计，又怎能不让游客们纷纷到此换马，轻松快乐地离开。像这样深受欢迎的消费品和日用品有许多，比如经久耐用的手表，比如异国风情的衣裙，比如芬芳馥郁的化妆品，等等。

缅味美食有香脆甜美的果蔬干，有味道纯正的咖啡椰子糖，有原汁原味的缅甸粑粑等，每一味都会让客人彻底丧失美食免疫力。甚至是月饼——这种中国传统节日的时令点心，他们都创造出了诱人的缅味，在娜允大有取代中式月饼的势头。假如还想将缅甸美食主义更彻底地进行下去，就去缅甸小吃店。这些小吃店多聚集在中缅街，也有零星散落在娜允小城的各个角落的，多以经营简餐为主，外加一些休闲饮品与小吃。最受欢迎的便是缅甸炒饭，或肉炒饭，或菜炒饭，经缅厨在缅锅里翻滚后，便有了独特的缅味。再以缅味酸汤和咸菜的点缀，中和了炒饭的油腻和咸酸的开胃。试想，在某个紧张的工作日，不愿选择路边的快餐对付，又不愿下厨占用太多的休息时间，这时候走进缅味简餐店，要一份炒饭，即可美餐一顿。饭后再要一杯鲜果汁，一身的疲惫片刻烟消云散。所以，缅味简餐可以视为缅甸的“肯德基”。

异国语言很难短时间内掌握，但从美玉到美食的异国特产却能让人们兴味大增，口口相传，日月积累成口碑，就已经用不着翻译和推销。

娜允镇的中缅街，开始只是娜允人对缅甸人聚居区的说明，后来成了娜允镇上一条特色街的街名。到现在，已被赋予更多的内涵，其中代表着中缅两国的联系、代表着中缅两国人民千丝万缕的交集。

采访中了解到，中缅街建设已经成为孟连县的重点建设项目，不久以后，全新的“中缅街”，将迎接八方来客！

① 沉静的老板娘
② 珠宝店
③ 时光影城

# 孟连口岸叙事

孟连口岸是以县城为中心，以勐阿和芒信两个通道为主的省级边境口岸。站在庄严的勐阿通道“国门”前，崭新的通关大厦威武雄壮，宽敞的边检大厅整洁美观，边境通道有章有节、井然有序，已逐渐成为普洱市跨境旅游的一道亮丽风景。

普洱市孟连县有长达 133.34 公里的国境线，有勐阿、芒信两条主要出境通道，孟连口岸是中国面向东南亚对外开放的黄金口岸。

勐阿通道位于孟连县的西部，是连接中国大西南与东南亚各国的重要陆上交通线，是历史上丝绸之路和茶马古道的重要驿站。南卡江两边的高山密林之中、江岸河滩之上，驮着茶、盐的马帮，长长短短、左左右右的身影，随着岁月的河流汇入印度洋，在烈日和暴风的锤炼下，升华到存在与虚无之间的天空中，再漫出太阳系，再漫出银河系……马帮的足迹也慢慢涣散，只有零碎的赶马调，被拙劣的手笔记录在那些无人开启的“民歌盛典”里：

三十晚上讨媳妇，
初一初二要出门。
……

大锃敲敲敲小锃，
小锃敲敲要翻山。
……
小锃敲敲敲大锃，
大锃敲敲走夷方。
……

多少年以后，重建了多段古道，就算马帮的魂魄再回来忆苦思甜，也找不到熟悉的样子了。

没有茶马古道时，南卡江两岸就有商品互市。清初，普洱茶走红。清末，英法殖民者侵入东南亚，开辟从澜沧江水系进入印度洋和从红河水系进入太平洋的便捷普洱茶国际贸易通道。勐阿成为普洱、孟连、安邦（缅甸）茶马古道的出入境渡口。出入境的马帮，枯水季节直接过水。雨季江水暴

县城一角

涨，两岸马帮就此交易货物，再凭竹筏渡江。抗日战争爆发，中国军民在江的东岸设防，粉碎了日军从此长驱直入中国内地的企图。茶马古道也被日军阻截。之后的半个多世纪，中缅两国边民为了维持生计或丰富日常生活，一直保持着或暗或明的商品互市。

到20世纪80年代，中国开始改革开放。边民互市的规模越来越大，勐阿街子辐射半径也越来越大。路程比较远的商客，必须在头天晚上就赶到勐阿街住下，第二天赶完街子再返回，总得喝点小酒，打发漫长的勐阿之夜。精明的傣家人，随机在南卡江边摆起夜市。喝酒要下酒菜，老板娘就去找牛屠户，买鲜牛肉回来做“苦肠汤”。客人们问老板娘，这里的牛肉怎么这么好吃？老板娘答，刚从牛身上割下来，就放进热锅里，是勐阿特色的跳跳肉。“跳跳肉”从此名声大振，每到街天的头晚上，不少远近村镇的人慕名前来，甚至路过孟连的外省人、外国人也会赶着或等着某个街子的头晚上，只为了饱一饱勐阿“跳跳肉”的口福。勐阿街子的夜市，比街子天的集贸还火爆。

1991年，孟连被列为以县城为中心的国家二类开放口岸。为了扩大边贸规模、促进两国边民致富奔小康，中国政府和缅甸政府协商后，建起了横跨南卡江的钢索桥，可供小型汽车和人畜通过。出入边境的条件大为改善，勐阿街的发展就更迅速了。

2000年1月，党中央提出了实施西部大开发的战略目标是：到21世纪中叶，努力建成一个山川秀美、经济繁荣、社会进步、民族团结、人民富裕的新西部。

2006年10月，勐阿跨境大桥竣工。

2011年，普洱市委、市政府把孟连（勐阿）口

❶胶园晨曦

❷勐阿人的绿色银行——橡胶

岸定位为以发展边贸和旅游为主，集商贸、旅游、进出口加工、仓储、通道服务、旅游产品六大功能于一体，具有民族特色的前沿开放口岸，在孟连县启动了孟连边境经济合作区项目建设，简称“边合区”。精心打造孟连边合区，充分利用好境内境外两种资源、两个市场，用足用好开放政策，加快构建大口岸、大通道、大物流的开放格局，把孟连边合区建设成为普洱市重要的外向型产业基地和连接缅甸辐射东南亚的主要通道、云南“桥头堡”的重要战略支撑点。既是普洱市推动中国面向西南开放重要“桥头堡”建设的具体行动，也是普洱对外开放和交流合作迈向新阶段、提升新层次、拓展新领域的重要标志。

2013 年，习近平总书记提出建设“一带一路”（“丝绸之路经济带”和“21 世纪海上丝绸之路”）的战略构想。依靠中国与有关国家既有的双多边机制，借助既有的、行之有效的区域合作平台，旨在借用古代“丝绸之路”的历史符号，高举和平发展的旗帜，主动地发展与沿线国家的经济合作伙伴关系，共同打造政治互信、经济融合、文化包容的利益共同体、命运共同体和责任共同体。“一带一路”倡议，对于世界最大的魅力，将不仅仅在于有多少投资和利润，更重要的是它能够给世界带来一股新的潮流，让平等合作、

❶ 芒信镇新貌

❷ 孟连又称绿宝石

文化交流、经济繁荣，而非军事霸权，成为未来世界秩序的另一条主轴。

2014 年，中共十八届四中全会通过《中共中央关于全面深化改革若干重大问题的决定》提出，扩大内陆沿边开放。是中国经济发展的新优势，对于构建东、中、西良性互动互补的全国统一大市场、形成全方位对外开放格局有重要意义。

孟连地理位置的特殊性，加上中国改革开放、对外贸易的加快推进，给孟连的口岸经济发展带来了越来越多的机遇。落地勐阿镇“边合区”项目建设正在加快推进，跃升为云南省沿边开放和沿边经济带的重要组成部分，极大地加大勐阿通道的人流物流、提升孟连口岸乃至边合区的国际知名度、地位和影响力。仅 2014 年，孟连口岸就有 100 多万人次的通关记录和 31.09 亿元的进出口贸易额，上缴国家关税就达 8600 万元，充分显示了口岸经济的实力和魅力所在。

在勐阿镇旁边找个比较高的地方观摩勐阿小镇，小镇被群山上郁郁葱葱的橡胶林捧在手心。村寨与村寨之间香蕉和菜园，相互倾诉着昨夜梦中看不清的美。凤尾竹和大榕树怀里的村寨，就像春风催促着绽放的百花，一天一个样，不，是一个时辰一个样。水泥路上的小卜少们，三五成群地来来往往，穿着漂亮的筒裙，打着美丽的小花伞，就像蓝天上飞翔着的朵朵彩云……整个边境小镇，沐浴在大海凝固的绿色之中。

南马河和南卡江如期相会，就像大丈夫的大手握着小女人的小手，而两夫妻共同抱着一个健壮的小孩，小孩就是勐阿镇。南卡江，多像大唐帝王的

长袖，轻轻一挥，中国和缅甸两个国家的君子之交就源远流长：保留着各自的个性，维系了两两的交易。

勐阿地处南卡江中游，低海拔、高纬度、气温高、雨量大，日照时间较长，植物生长周期较短，热带资源丰富。20世纪50年代开始，勐阿人就在南卡江沿岸开垦种植橡胶，获得了丰厚的经济效益。现在植胶面积已达31万多亩，成了勐阿镇的支柱产业。每天，凌晨2点以后，胶林里处处流动着点点的星星，是胶农们上班割胶了。早上9点至10点又要收集胶乳，树位多的收好胶乳已是下午一两点，早已赤日炎炎了。最好的休息，就是在院子里芒果树荫下，置一躺椅，开一瓶冰镇啤酒，摇一摇扇……

还有芒干，那个“最后的寨子”。一千多年前，死亡十有八九的瘟疫袭来，幸存者纷纷逃离勐阿坝。芒干却毫发无损、纹丝不动，其中的秘密可能是永远的秘密了。如今，没几人还记得此事，还纠结此事，只有芒干泡果让很多人津津乐道。

其实，南卡江对面的很多地方，原是中国的土地，几百年来一直归孟连宣抚司署管辖。20世纪50年代中缅勘界时，中国政府为了方便两国管理，将它们划给了缅甸。南卡江两岸的傣族、佤族、僾尼人同胞，本是同根同源，有着相同的历史文化、生活习俗，血浓于水，情比南卡江深。怎么可能多了一条国界线，相互之间就断了来往呢？胸怀世界的你，面对同宗、同族、异国的风情，会不会有一种别样的思绪？在南卡江岸思索地球村的传言，会不会也有一种全新的理想？去奋斗，去坚持！

站在庄严的勐阿通道“国门”前，崭新的通关大厦威武雄壮，宽敞的边检大厅整洁美观，边境通道有章有节、井然有序。孟连口岸已逐渐成为普洱市跨境旅游的一道亮丽风景。

❶ 赶集回家的缅甸女孩
❷ 从免税店出来的旅客

# 后记

孟连，一块神奇秀丽的边陲福地，素有“边地绿宝石”“龙血树故乡”的美誉。

地处极边，界连外域，孟连以其深厚的民族民间文化、娜允古镇文化和土司文化底蕴以及独特的山水风情而闻名境内外。傣族土司府600多年的文明发展，留下了一座中国历史文化名镇——娜允。娜允古镇自元代起，就是云南地区傣族的经济、政治、文化中心之一，曾经统治着滇西南澜沧江以西至萨尔温江以东这片广阔的土地。刀氏家族28代土司世袭为官，守土近7个世纪。近年来，孟连县委、县政府始终以保护娜允古镇文化、开发民族文化、宣传边地文化、强势打造适宜居住的“边地绿宝石”为已任，积极推进文化与经济社会发展的衔接融合。

孟连，时不分四季，树没有秋冬，总是要等树头披满新绿，老叶才纷纷飘落。庄稼一年三熟，山野常年花香。气候垂直变化明显，生态环境多样，植物资源丰富。自然景观有天然溶洞、彩色壁画、腊福天池、勐马飞瀑、奔腾的南卡江、苍莽的大黑山。孟连与缅甸掸邦第二特区佤邦山水相连，孟连口岸是以孟连县城为中心的，以发展边贸和旅游为主，集商贸、旅游、进出口加工、仓储、通道服务、旅游产品六大功能于一体的，极具民族特色的前沿开放口岸。孟连口岸是中国通向东南亚的国家二类口岸，从2013年起连续两年进出口关税跃升为云南省第二，仅次于瑞丽口岸。在此基础上，又启动了孟连边境经济合作区项目，这终将练成“一带一路”的强大堡垒。

孟连民族众多，有傣族、拉祜族、佤族等24个少数民族。孟连节日也丰富：神鱼节，“东方水上的狂欢节”；泼水节，“水！”“水！”“水！”满世界都是祝福的水花；葫芦节，传说中曾经的人类末日，葫芦帮助拉祜人重新繁衍种族；新米节，阿佤人民表达对粮食的感恩之情，是对大自然的愧疚，亦是他们最朴实的真情的流露。孟连由于少数民族众多，孕育出了宣抚司礼仪乐舞、孔雀舞、马鹿舞、竹筒舞等多姿多彩的民间乐舞，那优美缠绵的情歌、高亢嘹亮的山歌，还有肃穆庄严的祭祀调和哀婉悲痛的丧曲，内容涵盖了民族迁徙史、生产生活、神话故事、英雄传说和美好爱情。

《文化普洱·孟连》的编撰出版，是普洱市委、市政府及孟连县委、县政府在广泛听取各方面意见后，全力打造普洱市一系列文化工程的一个环节。其宗旨是挖掘、整理和发展孟连文化，探寻文化源头、弄清文化背景、理清文化脉络、做好文化课题，构筑孟连文化精品体系，提升孟连文化品位，统筹经济和社会全面发展，共塑孟连新的文化品牌。在本卷的编撰过程中，我们感叹着孟连娜允古镇历史积淀的丰饶厚重和边地文化蕴藉的博大精深，也感动于广大作者的热情：有的提供了电子书稿，有的送来了整本自印或正规出版发行的专辑专著，有的找出了尘封多年的书刊、剪报、底稿，有的主动提供线索、协助查阅浩繁的档案……然而，限于篇幅以及有限的时间、人力，还是难免挂一漏万，连同那些因种种原因遗失了的作品，如张海珍老师的《边地绿宝石》一书，平添了遗珠之憾。

为了编撰好本卷丛书，编委会组织了一批熟悉、了解孟连地方文化，具有一定写作能力的作者深入孟连各地实际采风走访，收集、挖掘素材，经过撰稿人的辛勤劳动，《文化普洱·孟连》终于成书。这是一本集中反映当地自然风光、风土人情、历史文化、传奇故事的文化专辑。它将孟连最具地方文化特色的一面，通过精美的文字和图片展示在读者面前。读者可以通过该书，全面了解边地孟连的魅力所在，带着好奇和追问走进一个充满神奇美丽的文化公园。探究多民族历史文化瑰宝，游览古朴自然的生态景观，寻觅神秘诱惑的民族风俗，领略悠久灿烂的娜允古镇文化。

雪泥鸿爪，绮文多情。这套书出版后，想必会被一些人珍藏，只缘于我们是创造边地民族文化的共同作者，只缘于孟连是我们共同的故乡。在此要感谢为编撰出版这本书特约的撰稿人张海珍、李灿伟、杜文春和李忆四位老师的辛苦付出！也要感谢为本书提供精美照片的各位艺术家、各位领导及亲朋好友。当然在走访过程中，对孟连边地文化特色的挖掘还不够全面和深入，加上作者写作水平的局限，文中难免存在一些不足与缺憾，敬请读者指正。

《文化普洱·孟连》编委会